都立図書館は進化する有機体である

二〇二〇年の都立図書館像を描く

ライブラリーマネジメント研究会［編著］

ひつじ書房

はじめに

最近、ベストセラーを大量に購入し貸し出すことによって公立図書館は著作者の権利を侵害しているのではないか、という記事を新聞や雑誌で目にする。テレビでも、平成十四年十一月、「NHKクローズアップ現代」で、ベストセラーの貸出を巡る図書館と著作権者の対立が浮き彫りにされ、図書館サービスを見る視点が変わりつつあることを印象付けた。この論争は、双方が根拠となる資料を示し、それぞれの主張を展開しているが、まだ決着を見ていない。

公立図書館が多くの都民の身近に存在するようになって、高々まだ三〇年。かつて、図書館は学生の勉強部屋と思われ、「図書館前に行列する学生達―夏休み終わりの風物詩」として新聞の紙面を飾る時代があった。しかし、今は違う。批判を含め、様々な論点からマスコミに取り上げられるようになった。それは、ようやく図書館の働きが人々の視野に入るようになったということではないだろうか。図書館がその機能を果たせば国民の経済活動に貢献もできるし、本来の力を発揮できなければダメージを与える可能性もあるということが目に見えるようになったということではないだろうか。この時代にはこの時代にふさわしい図書館の働きがあるはずだ。それを多くの人に知ってもらいたい。

公共図書館の働きが人々に浸透したこの三〇年は、今年開館三〇年を迎える都立中央図書館の歴史に重なる。この三〇年、都立図書館はレファレンスサービスを通して都民の調査研究を支援し、また、区市町村立図書館とともに東京の図書館のネットワークを作り上げてきた。都立図書館に働く者としては正直なところそれなりの自負もある。だが、都立図書館の歩みは多くの都民の視野に入っているだろうか。また、都民の目にはどう映っているのだろうか。私たちは伝えたい。都立図書館がやってきたこと、私たちが展望する未来の姿。私たちの考えを示し、率直な批判と建設的な意見をいただきたい。

平成十四年十一月十四日に文部科学省の中央教育審議会から『新しい時代にふさわしい教育基本法と教育振興基本計画の在り方について』と題した教育基本法改正の中間報告が出されたが、その中では、生涯学習社会の実現の重要性もあげられており、「地域社会における教育や継続教育を支援するために、学習機会等の充実を一層図ることが必要である。」としている。この中間報告では、図書館の積極的役割については言及されていないが、公立図書館は生涯学習社会の実現に大きく貢献できる可能性を持っている。さらに、現代は情報政策が国の未来を左右するといっても過言ではない時代である。全ての人に開かれた公立図書館は、国の情報政策の中で基盤的施設となりうる可能性も持つ。調査研究のノウハウを積み上げてきた都立図書館はその先頭に立つ使命があるのではないか。そのための議論のきっかけを示したい。このような志を抱く有志が集まり、この小冊子を刊行することにした。

本書の第一部第一章及び第二部は、平成十三年九月から十四年五月にかけ、都区職員を主な読者とする新聞『都政新報』に連載したシリーズ「図書館ＮＯＷ」の記事が基になっている。第三部は「図書館ＮＯＷ⑥」の対談（本書第一部第一章収録）で糸賀・松本両氏が提起した問題を受け、都立図書館の若手・中堅職員がめざす未来像や改革のプロセスを論じたものである。再録を許可された都政新報社にお礼申し上げたい。

本書が図書館に関心を持つ多くの方の議論のきっかけとなれば幸いである。

平成十五年三月三一日

目次

第一部　二〇一〇年の都立図書館像

第一章　これからの都立図書館はどうあるべきか
――東京の情報拠点のリーダーへ

対談　糸賀雅児
　　　松本　功

社会経済の転換期にある今日、公立図書館も改革を求められています。そこで、図書館について積極的に発言してきた糸賀・松本両氏を招き、これからの図書館について話し合いの場を設けました。

効率の前にミッション

松本　図書館も事業なのですから効率的で無駄のない運営をするのは当然です。効率の前に重要な点はミッション（使命）ということです。図書館は、二一世紀になって一九六〇年代に持っていたミッションを変えなければならない時代が来ているのにそのまま動かずにいました。十年ぐらい前に違う方向性を打ち出して変身し、ビジネス支援のような新しい機能を提案し生まれ変わっていてほしかったと思います。税金を使う図書館ではなく、税金を作る図書館になって

いれば、税収が減っている時こそ図書館が生きてきたのにと思います。図書館の予算など、今の三倍ぐらいあってもいいと考えています

糸賀　では、なぜ十年前に図書館の基本的な役割の見直しができなかったと思いますか。

松本　一九六〇年代モデルが、図書館の世界に限らず全てにおいて成功してしまったので、その神話から逃げられなかったのではないでしょうか。

糸賀　その成功がいつまでも続かないということは、運動論から政策論へと考えを広げられる人は分っていたと思います。しかし、図書館の世界では見直しができませんでした。バブルが崩壊して地方自治体の税収が減っていきましたが、そこにタイムラグがあり、九〇年代半ばから民間企業の状況が悪化する中、図書館は比較的予算を減らされませんでした。ところが九〇年代後半からガクっと減らされてしまいました。その時になぜ、ミッションの見直しができなかったかと考えると、七〇年代から八〇年代の発展・成長を支えた図書館職員が対外的に眼を見開いて、これからの日本の図書館はどういう方向で行かなくてはならないのかということを考えるだけの判断力と視野の広さを持たなかったからです。つまり、自己閉鎖的、自己満足的集団だったということです。真剣に受け止めて、問いかけをし、見直す作業をしてこなかったのです。『市民の図書館』(注1)に代表される三つの重点目標（貸出・児童サービス・全域サービス）は現場の図書館にとってはわかりやすく、成果も見えやすく、これでいいのだと思っていました。ポピュリズム（大衆迎合主義）であって、わかりやすい論理だったのです。図書館はこの論理でこれからも行こうと思った時に、社会は景気後退、ITの急速な進展、インターネットの普及という状況にあり、世の中が「情報」に関心を持つようになりました。その時こそ新しいミッションを探らなくてはいけなかったのです。その新しいミッションとは何かと言われたら、個人的には『図書館による町村ルネサンスＬプラン21』(注2)だと思います。このプランは、まさに図書館のパラダイム変換なのですが、まだわかってもらえない抵抗勢力があります。

松本　抵抗勢力というか、座り込み勢力というか…。これは図書館の世界だけのことだけではないでしょう。私のいる出版の世界も同様ですから。

糸賀　図書館に効率性を求めるためには、図書館で働く職員に部分的に能力主義を持ち込まなくてはならないと思います。資格を持っていればいい仕事ができる、効率的な仕事ができるかと言ったら、必ずしもそうではありません。効率性のいい仕事をするためには、仕事の仕方を見直さなければなりません。利用者から見て、この職員は優秀だと思った人がきちんと昇給、昇格できるような仕組みを考えなくてはいけない。結局は図書館と職員の評価の問題に帰着しますが、現在の公務員制度ではなかなか難しいとも思っています。

例えば、レファレンス・サービスでは、利用者が担当者を選べる指名レファレンスの導入が考えられます。以前相談したら親切に答えてくれたからまた同じ人に聞きたいということを制度化するということであって、現在でも実態として利用者はすでに選んでいると思います。そして、指名されたら、その担当者に指名手当が付くようにしたらいい。それぐらいしないと効率的にならないと思いますが、公務員の世界では無理でしょう。だからといって、図書館を全面的に民間委託したらいいか、というとそうは思いません。図書館にはきちんと公共性が保持されるべきであって、利用者から基本的にはお金をとらない、サービスしたことがサービスした相手だけではなく、他の人にも効果が波及する、これは教育が持っている公共性全般に言えることです。図書館が持っている公共性というのは、図書館を使う人だけがそのメリットを受けるのではなく、周囲や地域社会全体にも波及する。わかりやすく言えば、私の家族が図書館を使うことで家庭全体として役に立つ。家庭として役に立つことは地域社会において役に立つことだから図書館は税金を使って運営されるわけです。そうした広い視野にたてる人が図書館のマネジメントをするレベルにいなくてはなりません。個々のサービスを行う人は民間委託した方が効率性を高めることができると思います。

課題発見・解決型の図書館

松本　私の言葉で言うと、「市民の図書館」から「市民活動の図書館」へということです。市民とは何かというと、大変な議論になりますが、『市民の図書館』の中で想定されている市民というのは、どちらかというと家庭の主婦や老人、子供のことでした。そこには、昼間いない勤め人は戦略的に除外されています。勤め人や自営の人を除外して、よく市民と言えるなと思うのです。何かやろうと思っている人を支援する、例えば、子供の育て方を知りたいと思う人、自分の会社を作ろうと思う人、何かを調べたいと思う人などちょっとした気持ちがある人に対し、後押しができるような図書館が求められているのです。

糸賀　それを私は「課題解決型施設」と呼んでいます。今までの図書館は「文化教養型施設」です。何か困った時に調べることで解決するという「課題解決型施設」に図書館を変えていこうと思っています。暇だから図書館に行ってみようというのもいいのですが、そういう人たちだけではなく、困ったな、どうしよう、そうだ図書館に行って調べてみよう、相談に乗ってもらおうというような施設に変わらなくてはなりません。
松本　課題解決以前の課題発見が図書館においてあってもいいわけですよね。情報を消費するだけでなくて、情報を作り出す人を図書館が後押しすると、税金を使う図書館から税金を作る図書館へと変わっていくのではないでしょうか。自分の会社を起こす人は、税金を払うわけですし、頼りあうより支えあう社会がこれから求められているのですから、自分から情報を発信できる人が増えた方がいいでしょう。
糸賀　情報消費型図書館から、文化再生産型図書館への移行ですね。そのためにはサービスの仕方として、図書館がもともと集めてきたコレクションの付加価値を高めて発信しなければ文化の再生産につながりません。そういう視点が今の図書館にはない。単純な例でいうと、分類をし配架をするということも一種の付加価値です。それぞれの地域や図書館に合わせたやり方で、資料の分類をし、配架をし、その結果利用者の潜在的な要求に応じて、この本とこの雑誌とこの新聞記事はあなたの情報ニーズに役立ちますよと言えた時に、初めてコレクションの付加価値が高まるわけです。何が一人の人間の中で役に立つ情報として使えるか、それは千差万別です。そういう資料の組織化と情報発信を図書館はしなくてはなりません。そう考えた時、貸出を中心としたミッションというのは、当然変わっていかなければならないのです。
松本　図書館は「トレンド」というものを察知できる立場にあります。あるトピックスに対して、問合せが多い場合、それが時代の流れであるということがわかります。時代のアンテナになることもできます。だから、レファレンス情報はどんどん蓄積し公開した方がいいですね。ニューヨークのパブリックライブラリーは都心の真ん中にあってビジネスマンやスモールビジネスの要望に応え強力なサポートをしています。日本でも同じようなことが可能だし、日比谷図書館などはそれに適した場所にあるのではないかと思いますね。
糸賀　レファレンスの質問と回答の情報を蓄積している図書館はいくつか出てきています。レファレンスの事例をデータベース化し、キーワードを付与して、他の図書館と情報を共有できるような動きは既に始まっています。ビジネス支援においても、都立図書館が単独でやるのではなくて、都内の公共図書館あるいは専門図書館、特に大学図書館との連携は考えた方がいいですね。で、都立図書館で解決できないようなことは、電子掲示板に出して、誰かが役に立つ情報源を教えてあげてもいいわけですよね。そういうバーチャルなレファレンスツールができる仕組みを考えていき、そのコーディネータ役を都立図書館が果たすのです。

都立図書館は、都民のリソース

糸賀　一つは、都立図書館には都内の区市町村立図書館のコーディネータ役を期待します。都立図書館は資料を全て抱えている必要はありません。これは、都立に限らない話で、県立図書館のあり方と言った時に、確実にそう考えられます。ひょっとしたら、県立図書館というのは大きな書庫はなくてもよくて、区市町村の図書館が機能し、そのコーディネート役だけやっていればいいか、逆に大きな書庫だけ持っていて、それらを使ったサービスの窓口は区市町村の図書館に任せるか、といった両極端が考えられます。いずれにしても、現在の都道府県よりも大きなブロック単位で図書館とのネットワークもできるなら、都立図書館のやるべきことはクリアリング機能です。つまり、どこにいけばどういうサービスを考える必要があるでしょう。都立図書館は本もたくさん持っている、優秀な職員も大勢いる、都内の図書館情報があって、どういうサービスが受けられるかを把握している図書館。そういう機能は大事ですね。私は都立図書館というのは、知的資産の拠点だと思うのです。

都立図書館再編計画が出ました。今までは都立三館でそれぞれ選書をしていて、場合によっては同じ本をそれぞれ持っていた。それが一冊だけになると困るという批判があるようですが、一冊の本を同時に一千万都民が奪い合うなどということは、めったに起こりもしないような状況を想定しても無意味だろうと思うのです。同じ本が都内の区市町村立図書館あるいは大学図書館のどこにあるのか、ということをきちんと調べて、それを都民が共有する。低成長時代の地方自治を考えると、従来と同じようにやっても破綻するに決まっています。だから、都立三館で一冊購入という発想ではなく、都内にある公立図書館や大学図書館と共有していくという視点が必要だと思います。

次に、経営の効率化の一環として、図書館の資金調達（ファンド・レイジング）を考えるべきだと思います。松本さんは税金を作る図書館、利用者が新しい知的生産を行うことで、むしろ払ってもらう税金を増やそうと言われました。確かにおもしろいと思います。同時に、ファンドレイジングで都立図書館としての資金獲得、資金調達を考えるべきだと思います。一つ考えられるのは「広告」です。都内にはラッピングバスが走っていますが、それと同じようなことを考えるべきでしょう。広告をとるということはいずれ自治体でもやり始めると思います。図書館でもデートスリップ（貸出期限の入ったしおり）がありますが、それに出版関係のロゴやキャッチフレーズを入れたりすることもできます。公益信託の制度を活かして、お金・土地・モノの寄付を募ります。寄付をしてくれた人には、きちんと名前を出して図書館や文化に理解を示していることがわかるような仕組みを用意すればよいのです。

一方で、東京都には島があります。私は八丈島に二回呼ばれて、図書館づくりに向けた講演をしたけれども、なかなかいい図書館が育ちません。島嶼地域の図書館に、都立図書館としてどのようなノウハウを伝えていくのか、島での図書館作り、島への支援ということですね。インターネットを使ったり、大量の本を貸出するのもいいけれど、一番図書館にとって大事なのは「人」なのです。職員をどう育てるかです。ビジネス支援についても、同じことが言えます。お金を出すのも結構、データベースを入れるのも結構。ですが、問題はビジネス支援ということをきちんと理解して、図書館の従来の資料を使いかつデジタル化した資料も使ったハイブリッドなサービスができる人をどう育てるかということとです。その視点が残念ながら産業労働局には十分に備わっていません。島も同じで、島のサービスを考えられる人が必要なのです。結局はどんなに図書館でＩＴが進んだとしても、それを企画し、実行し、それだけの予算を取ってくるだけの交渉力を持った職員を育てなくてはいけない。それが都立図書館にも一番求められていることです。

糸賀雅児（いとが　まさる）氏
慶應義塾大学文学部教授
ビジネス支援図書館推進協議会幹事

松本　九〇年代に世の中が大きく変わっていったのに、図書館運動というのは、市立図書館や密着型図書館が図書館の主役だという意識が強すぎたため、県立・都立レベルの図書館がリーダーシップを取れず、ミッションの切り替えもできませんでした。今後は都立図書館が問題提起をどんどんするという形で動くべきだと思います。

それから東京都の中での都立図書館の位置付けが大切です。都立図書館は都民および都政を動かしていく人たちにとってのデータベースであり、情報源であり、コンサルタントであり、様々な意味での情報リソースとして機能するのだという宣言を堂々としてほしい。そして都立図書館こそが二一世紀の東京都のコアなセクションであって、図書館という名前は返上してもいいくらいですけども、それほど情報自体が重要だというように考えないといけません。情報がきちんと流れていなくては、文化も産業も人間も生まれません。図書館は専門家集団であり、世界に通用するような情報センターになるのだと宣言してほしいですね。国会図書館は市民のための情報センターになるという点ではあまり主導権を発揮していないので、都立図書館には日本の図書館のリーダーになって日本の情報化をどうするかということも発言してほしいと思います。情報がきちんと作られ流通しない限り構造改革も行えないのですから。中小企業だって、親会社に依存できない世の中になってきているのに。日本人の今の情報リテラシーで改革の時代に耐えられるか疑問に思っています。

図書館の連携・協力

松本　この資料はどこかが所蔵しているから購入しないで済ませようという「マイナスの連携」はやめてほしい。国会図書館が持っているから、購入しなくていいのかというとそうではありません。「プラスの連携」が働くためには人口一人当り、たとえば少なくとも千円程度はきちんと資料を購入していくという体制がなくてはなりません。一人百円程度なら、共同保存書庫を作っても意味がないと思います。

糸賀　経費を節減したいから、共同保存書庫を作るという考えがあります。

松本　それは除籍したものを保存しておこうという意味ですね。除籍した資料を各自治体から集めて保存するということですね。皆が持っているから資料を購入しないという意味の保存庫ではないことを確認したいですね。

糸賀　そうです。図書館にとっては、資料が図書館の書架に並んでいることが利用者の利用を促すのであり、決して図書館のバックヤードとして共同保存書庫があるから自分の図書館では購入しないということではありません。ある程度、開架で利用してその本が傷み、利用が減り、寿命が来たと思ったときに保存書庫に移すという発想です。保存書庫に関しては、場所は別にどこにあってもいいと思います。私が勤める大学では、山中湖に雑誌の保存書庫があります。保存書庫を建てるためには、資金を都民から募るといい。公益信託の制度を作って、きちんと蓄えていく。土地についても寄付してもらう。その際、相続税の負担がかからないような土地税制というのは考えられないでしょうか。税金という形で払ってその税金の使い道がわからないよりは、自分の払ったお金が図書館のために使われるということであれば、寄付をしてくれると思います。他に、保存書庫は、これからは、一自治体がまる抱えでやるのではなくて、資金提供者の意志を反映したようなＮＰＯによる保存書庫というのもあり得ると思います。そして東京都の保存書庫は、別に東京都になくてもいい。山梨・埼玉・群馬にあってもいいという発想でやっていけばいいのです。先程言った、自治体間のコンソーシアム、あるいは東京都の北にある市や区と埼玉県の南にある市や区が一緒にやってもいいと思います。自治体の境を越えて、やっていけるというのが、むしろ地方分権のよさなのです。
松本　リゾート地に保存書庫があって、そこにある本を読めるといいですね。
糸賀　そうですね。リゾート地を寄付してくれれば、なおいいですね。

ビジネス支援をきちんと行う

松本　産業労働局から教育庁に対し、ビジネス支援図書館（注3）への協力依頼が来たそうですが、こういう依頼はよくあることなのですか。
糸賀　たまにはあるだろうと思います。その背景、動機としては、図書館側からは、新しい機能を付加することを考えてビジネス支援をやる、あるいは図書館利用者層を広げる、今まで図書館というとどうしても本が好きな人、あるいは子どもの利用が中心でしたが、その利用者の幅を広げるという意味合いでサービスを始めるということも考えられます。もう一つは、不況で失業者が多いという状況下、いわゆる創業支援、起業支援をすることが求められていますが、その拠点として図書館というものが浮かび上がってきたという文脈があります。いずれにしても、教育委員会の仕事の中で、ビジネス支援は従来なじみがなく、図書館の世界では抵抗を持つ人がいます。まして、公務員というのは法と前例に準拠して仕事をする人の集団です。図書館法にはどこにもそのような趣旨のことは書いていない。そういう意味で、ビジネス支援に抵抗があることはわかります。私は図書館の世界に生きてきていますから、そういう抵抗は理解できますが、松本さんは「ビジネス支援について抵抗がある」ということ、つまり、「教育委員会の仕事になじまない」「法や基準の中にもそのようなことはもともと書かれていない」「なぜ、税金を使って金儲けを支援するのか」という問いについてどのようにお考えになりますか。
松本　出版者という立場でいうと、ビジネス支援を考える前に、公共施設で講演をする場合、そこで本を売ってはいけないのはどうしてかと思うことがあります。話に興味を持ったら、その人の本を買いたいと思うのは特別なことではないでしょう。それに応えてはいけないという縛りはどういうことなのか。そのようなぎこちなさはどうしてかと思います。例えばパンやジュースを売るのと違い、研究コミュニティに行って研究発表をしているのだから、それが買われることが研究者の活動と関係しているわけなので、全てを一緒に考えて駄目だというのはどうなのかとずっと思っていました。あるいは図書館の内に書店があるといいと思います。

糸賀　それは、公共施設では、営利目的で活動してはいけないからです。松本さんが言われたのは、主たる目的は研究であり社会的なもので、その一環として参考になる本をたまたま売るということでしょうが、営利を目的として活動されては困るということで法で規制されていると考えるべきでしょう。

松本　金儲けといってもいろいろなことがあるわけです。ほとんどの場合が、生活を成り立たせるという普通の営みのことだと思います。それを毛嫌いしてきたのは、偏りがあるのであって、人間の経済的な側面を支援するのは普通のことだという認識に立ってほしいです。

糸賀　「ビジネス支援」というのは、そこでビジネスをやるのではなく、利用者の目的が利潤追求だったり、営利目的であったりということです。つまり、金儲けでやって来た利用者に対して、図書館がどこまでサービスを提供するのかという境界線のひき方で意見が分かれるということなのです。私は、今の図書館はそのような利用者に対しても積極的にサービスする方が戦略的にいいと思います。それは、一つは利用者の幅を広げる、これまでの図書館はどうしても文化教養の施設で、本を読みに来る、文芸書を借りに来るという人たちが中心でしたが、そうではなく、図書館は地域の産業振

松本 功（まつもと　いさお）氏

（有）ひつじ書房代表取締役、進化する図書館の会代表、ビジネス支援図書館推進協議会副会長

興あるいは、地場産業の発展にも貢献できるのだということを示すべきです。それによって、図書館を使う利用者層を広げて、図書館利用者の質的変化をもたらしたい。そのきっかけとして、ビジネス支援というのはすごく目のつけどころがいい話だと思います。

ある企業が、商品開発をやりたい、市場がどれだけの大きさか知りたい、購買層のターゲットをどこにおけばよいのか知りたいと思ったとき、それをレファレンスとして都立中央図書館に「この商品のマーケティングリサーチ」を新たにやってくださいと言ったら、やらないでしょう。つまり、図書館というのは基本的にはパブリック・ドメインにおかれている資料であって、公開されたものに対して、皆が共有できているものについては調査するが、独自にオリジナルな調査をやるということはありません。そこで、図書館では公共性が保たれていると思うのです。利用者の目的が何であれ、今言ったような公共性が保たれている範囲で、図書館はビジネスを支援できると思います。レファレンスの中でもマニュアルがあり、「ここから先はやりません」「ここから先は利用者自身がやる」という線引きがあるはずですから、その範囲でのビジネス支援であれば、なんら問題はありません。公にされたものの中で、どこまで調査できるか、どのような調査が公表されているのかという情報を利用者に教えることができると思います。それから、ある企業がマーケティングをやる時に、どういう業者があるかという業者の案内は図書館ができても、どこを選ぶかというのは図書館利用者であるその企業が決める、というように考えれば、教育委員会の仕事の中として、図書館が従来提供してきたレファレンスサービスの延長線上に、十分位置付けられると思います。そういう意味では、ビジネス支援は都立図書館でやるべきと思います。

有料か無料か

松本　図書館がビジネス支援をする上で検討が必要なものに、有料な商用データベースというのがありますよね。商用のデータベースというのは公開されているような、されていないような部分があるといえます。

糸賀　ビジネス支援サービスの中で、オリジナルな調査をやるようなサービスを、特定の企業のためには行わないと申し上げました。ただ、図書館員の仕事として「リサーチ」という作業は大事です。例えば、新しい業界でどういう動きがあって、それについてどういう研究機関があって、そこでの市場調査についてどういうデータが公開されているのかをきちんと調査しておくということは必要です。図書館側でその業界がどのような構造になっているのか、どの部分を行政が所管していて、民間企業がどう動いているのかについてリサーチするということは必要です。それを予備知識にして、データベースの検索語の選択、文献の調査法、類縁機関の紹介つまりレフェラルサービスなどを図書館で行っていくというように展開できるでしょう。

松本　有料データベースの受益者負担についてですが、図書館には「図書館法」第十七条の「無料の原則」がある一方、ビジネス支援をするには有料のデータベースが必須ですが、利用者から料金を徴収することについては、柔軟に考えたいと思います。日経テレコンなどを利用する場合、記事検索まではそれほど料金はかかりません。そこまでは、少なくとも無料でいいでしょう。しかし、帝国データバンクのデータベースを利用するような段階になったら、例えば「一件目からはいくら」というように料金を負担してもらってもいいと思います。全てのデータベースを無料、とスパっと切り分けなくていいと思います。

糸賀　私の考え方は以前、図書館関係の雑誌(注4)に書いたので、本当はそれを参照して欲しいのですが、割と単純に考えています。従量制の料金体系のデータベースに関しては、その利用者が使ったために発生する料金があるのだから、それはしっかり負担してもらえばいいのです。ただし、データベースとの契約や、検索するためのコンピュータ設置など固定費用の部分は公共財ですから、税金で負担する。安いに越したことはないし、無料で提供するに越したことはないでしょう。そのためには図書館が従量制ではなく定額制のデータベース契約を結ぶ努力をすることが必要です。固定料金で例えば年間に一定の金額さえ支払えば、どれだけ利用してもいいというような契約を結ぶ努力です。一方で、そのような契約が成立するためには、一館だけでやるのは困難だから、複数の自治体でコンソーシアムを作って契約するというやり方を考えていけばいいと思います。大学図書館の世界では、すでにそうしたコンソーシアムがいくつかつくられています。うまいネゴシエーターに図書館はならなければいけません。これはデータベース契約に限った話ではありません。著作権のことも含めて、図書館がコンソーシアムを構成するということは考えていくべきだと思います。しかし、無料だったらどんどん利用して、同じ利用者が何時間利用してもタダということになってしまうから、いろんな利用者に均等にオンラインデータベースを利用してもらうためには、仮に料金は固定で無料制にするのであっても、時間制限はしなくてはならないと思います。そうしないと、延々一人が独占することになってしまいます。例えば、最長何分というように、お金でコントロールではなく、時間によるコントロールをすべきです。

松本　政策的な問題だと思いますが、世間ではねずみ講のようなトラブルがあります。行政は「ねずみ講に注意しましょう」と単に言うだけではなく、図書館にあるデータベースでその業者について検索しましょうというキャンペーンを行い、それに基づく調査であればデータベース利用無料というようなサービスをする。被害に遭う人が増えるよりも、もしかしたら税金を無駄に使わなくても済むように思います。あるケースに関しては、予算をつけて無料にするというやり方があってもいいのではないでしょうか。

コンビニのコピーは安すぎる

糸賀　今言ったようなサービスをする時には、著作権の問題がネックになり、サービスを広げたくてもできないことがあります。著作権者側はどう思っているかというと、むしろ自分の著作物を有効に使ってもらえるのだったら使ってもらいたいと思っています。ただし、無制限に利用されても困るので、私は一定の補償金なり使用料を払って使える仕組みを考えた方がいいと思います。日本図書館協会会長の長尾真さん（京都大学総長）がはっきり仰っているように、著作権は使用許諾権ではなくて報酬請求権に変えていくべきだと思います。私は、複製の問題や公衆送信の問題なども含めてそういう補償金の支払いシステムを作っていくべきだと考えています。誰でもが自由に使える、その代わり一定の補償金なり使用料なりを著作権者に払うという仕組みを作るべき時期ではないでしょうか。

松本　基本的に全く同感です。著作権は守るべきというよりも、生かすべきだと考えています。コンビニのコピー代より高いとなんで高いんだ？という気分になるので、コンビニのコピー代をもう少し上げるべきですよね。

糸賀　おっしゃるとおりです。図書館もコンビニのコピーも一緒で、皆が補償金を払うべきだと思います。図書館がどんなに厳格に著作権法を守ってもその本を利用者が借り出して、コンビニのコピーに持っていったら元も子もなくなってしまいます。

松本　学術書を発行している出版社にしてみたら、問題なのは大学図書館です。コピーはただではなくて、リース契約の中でトナー代とライセンス代は入っているのです。コピー機メーカーにはお金を払っているのに、著作者にはお金を払っていない。

糸賀　図書館関係者にもっと啓発していかなければならないですね。そういう気運は徐々に高まっていると思います。私はそういう意味で、著作権法第三十条の私的使用にもとづく横浜市のやり方は問題提起なのだから、「横浜がそのようなことをずっとやっていたら我々はこういうことをやり始めますよ」という問題提起を逆にしなくてはならないと思います。図書館界は、けしからんと横浜を封殺しようとしていますが、そうではなく、一石投じたわけだから、真剣に考えて権利者側も納得いくような新しいルールを考えていくべきだと思います。五年先、十年先の技術の進展なり、出版環境の変化なりを視野に入れて著作権問題に取り組むべきです。今から補償金を払う仕組みづくりをめざして、図書館人の意識改革をやらなければなりませんね。

［注］

1 『市民の図書館』

住民の一〇％も図書館を利用していなかった一九七〇年に日本図書館協会が出版した本のタイトル。公共図書館のサービスの中で「貸出」「児童サービス」「全域サービス」に重点をおき、七〇年代以降の公共図書館をリードした重要な本。「図書館もまず貸本屋くらい市民に親しまれる存在になってから批判すべきだというべき（37P）」その時期がやっと来たと言うべきか。

2 図書館による町村ルネサンスーLプラン21ー

日本図書館協会町村図書館活動推進委員会著、日本図書館協会が二〇〇一年に出版した本のタイトル。情報技術（IT）を活用しながら、図書館サービスで町村の活性化を図り、地方の復権をめざす。と同時に、都市の図書館のあり方も見直そうとするもの。町村図書館に限定することなく、図書館の基本理念やはたらきを二一の具体的施策で提言している。一九五〇年の図書館法制定以降、公共図書館発展の経緯を振り返りながら、その延長線上では時代の変化に対応できない限界を指摘し、二一世紀にふさわしい新しい図書館のビジョンを提示している。

3 ビジネス支援図書館

図書館にある豊富なビジネス情報を活用して、社会の起業・創業を支援していこうとする動きが活発になっている。東京都も二〇〇二年六月末に、丸の内のビジネス街にある東京商工会議所内に「TOKYO SPRing」というビジネス支援図書館を開設した。館内ではパソコンやブルームバーグといった商用データベースも無料で利用できる。この図書館は、レファレンスカウンターと共に、中小企業診断士や企業経験を積んだ相談員がいるカウンターが併設されており、起業や開業に向けた資金調達のアドバイス等の経営相談と資料相談が連携できる体制を組み、「東京モデル」として提案している。都立中央図書館ではプロジェクトチームを組み、このビジネス支援図書館をバックアップしている。

4 「『図書館と資料』と『費用負担』のあり方をめぐってー図書館専門委員として考える」『図書館雑誌』九三巻六号、四七四頁～四七六頁、一九九九年六月。

「地域電子図書館構想と〈無料原則〉のゆくえ」『図書館界』五一巻四号、二一〇頁～二一四頁、一九九九年十一月。

第二章 「進化する有機体」であり続けるために

改革の歩みを振り返る

進化しないビジネスはこの二一世紀に生き残れない、といわれる。このことを都立図書館に重ねてみると、それは時代変化に伴い必要性の薄れたサービスを見直し、図書館を取り巻く状況や利用者ニーズに適応したサービスに変えていくことだろう。都立図書館が都民にとって不可欠な存在であるならば、私たちは常に提供しているサービスを検証し、より都民が求める形に近づけていかなければならない。

都立中央図書館は平成十五年一月で開館三〇年を迎えた。建物の外観は昭和四八（一九七三）年当時のままと変わっていない。日比谷図書館にいたっては昭和三六（一九六一）年の増築のままで、実に五〇年以上変わっていない。だが、都立図書館の機能やあるべき姿を巡っては、時代、ニーズを反映して様々な改革が進められてきた。これらの改革に大きな役割を果たしたのが、都立図書館協議会だ。現在、協議会は一般から公募した委員もおり、中央図書館長からの諮問やその時代の課題に対し、意見を述べ、提言する役割を担っている。その中で特に、エポックとなった答申には、昭和五七（一九八二）年第十一期の『都立図書館の体系化及び近代化に関する最終答申』、平成二（一九九〇）年第十五期答申の『新日比谷図書館の機能について』、平成九（一九九七）年第一八期答申の『21世紀の都民生活を豊かにする都立図書館の創造―生涯学習社会における都立図書館の役割』、平成十三（二〇〇一）年第二〇期提言の『高度情報化社会における都立図書館のサービスのあり方―ITを活用したサービスの革新』などがある。第十一期答申は、都立図書館電算システム開発や多摩地域の都立図書館の機能転換を促した。第十八期答申は、都立図書館の機能全体を見直す「中期運営計画」策定の契機となった。このように、都立図書館は常に時代ニーズに対応したサービスを追求してきたことがわかる。

第十五期答申以降、実現に向けて検討を重ねた「新日比谷図書館基本構想」は、高度情報化や生涯学習社会に対応した新たな都立図書館像を示したものだ。だが、バブル経済が崩壊し、都の財政状況が悪化する中で、各期提言の時代背景と運営の効率化との間に矛盾が生じ、計画を見直さざるを得なくなった。一方、都立図書館の書庫も満杯が目前となる深刻な事態となっていた。都立図書館全体で、毎年四〜五万冊も増え続ける資料をどう保存し、効率的に管理していくのか、待ったなしの瀬戸際になった。財政危機と書庫問題、この二つの危機がこの都立図書館構想を大きく揺るがしたのだ。

事務事業評価とあり方検討委員会

財政危機を克服する手段の一つとして東京都は、平成十三年度に行政評価制度を導入し、事務事業評価を行った。都立図書館に対しては「抜本的見直し」の総合評価が下された。このことは、改革の成果がみられるまで、毎年度効果測定のフォローアップを継続するという一種の監視状態に置かれることを意味する。また、事務事業評価と同時期に東京都教育庁内に「都立図書館あり方検討委員会」が組織された。この「あり方検討委員会」の報告は事務事業評価の結果も踏まえ、運営の効率化や資料の一元的管理をも取り込んだ内容となった。これまでの都立図書館独自の改革推進にも関わらず厳しい評価や報告がなされた理由は二つ考えられる。一つは都立図書館の書庫対策だ。都立図書館は資料の長期保存（永久保存と呼んでいた）を自らの責務と考え、それを収蔵するスペースが必要と考えていた。けれども、書庫を永久に拡大し続けるという「永久保存」のあり方がこの時代に適合するのかどうか、という疑問が出された。もう一つは運営の効率化への取り組みが不十分であったことだ。中央図書館は都立図書館運営にリーダーシップを発揮していない、とみなされた。総じていえば、都立図書館には「マネージメント」が不在もしくは不足していたと言うべきではないだろうか。このような観点から見ると、あり方検討委員会報告はリストラ策の指示ではなく、新たな都立図書館マネージメントの提案と理解すべきだと思う。

【あり方検討委員会報告『今後の都立図書館のあり方－社会経済の変化に対応した新たな都民サービスの向上を目指して』のポイント】

都立図書館は、東京都が行う広域的行政の立場から、区市町村立図書館との役割分担を踏まえ、ITを積極的に活用して、主に次の役割を担う。（1）高度・専門的な調査研究への支援（2）区市町村立図書館への支援（協力レファレンス、専門分野や指導者養成のための研修、協力貸出など）（3）新しい分野への支援（学校教育、政策立案、産業活動の活性化）

二〇一〇年への道─進化させたいマネージメントの力

二〇一〇年のあるべき都立図書館像の実現を目指してこれからの七年間、私達は何をすべきだろうか、「進化する有機体」であり続けるために、なにが必要だろうか。事務事業評価やあり方検討委員会報告、そして糸賀・松木両氏の対談等を踏まえて言えば、都立図書館の経営という根幹部分についての重要なキーワードは、まず「経営指標」、そして

「外部の人材活用」、「書庫対策」の三つではないだろうか。

1 経営指標の策定・実施（Plan, Check & Accountability）

都立図書館経営のこれまでの最大の問題点は、図書館運営の目標と成果について、説明責任を十分に果たすための仕組み作りを、怠ってきたことにある。前年踏襲の業務統計だけでは、行政評価の際に都立図書館の業務の成果を十分に説明する資料にはなりえず、いざと言う時に役に立たない。「公立図書館の設置及び運営上の望ましい基準」（平成十三年七月文部科学省告示）を引くまでもなく、都立図書館の全ての業務が、コストと成果を意識した外部からの評価に耐えるものとするために、所管部所とともに、有効な経営指標を早期に策定し、実施する必要がある。その際、経営実績の説明は、基本的には数値が最も明快で有効であり、数値化されたものだけが評価の対象となりやすい、というあたりまえの現実を、肝に銘じなければならない。どうしても数値で表現できないものが残るとしたら、それをどう説明し理解してもらうか、その材料集めとプレゼンテーションの方法を自ら開発する必要があるだろう。

電子図書館の推進、より高度な情報サービスの提供、区市町村立図書館との新たなネットワークの構築、広報の強化など、都立図書館が展開しようとしている改革の取り組みは、都民サービスの向上にどんな成果をあげられるだろうか。自ら評価するだけでなく、図書館の外部の人々からも評価される必要がある。都民への説明責任を果たすために、目標を数値化し、それに沿って業務を組み立てなおし、成果をきちんと測定してフィードバックするという経営手法を、徹底して意識化し日常化する必要がある。

2 外部の人々との協働で都立図書館の力を高める（Do）

業務の改革、実施にあたって、最も重要な要素が人であることは論をまたない。日常の疑問から専門的な名調査まで、都民の多様な調査研究への支援と区市町村立図書館へのバックアップを事業の核として歩み、情報サービスの力を蓄積してきた都立図書館職員は、その能力をさらに高める努力が不可欠である。しかし、それだけでは限界があることも認識すべきだ。糸賀・松本両氏の対談にもあるように、都立図書館が、時代のニーズにあわせて大きく進化するためには、図書館員の発想の枠を超える提案ができ、社会との別なチャンネルを持った人々との協働が必要ではないだろうか。図書館員としての専門性を高めながらも、専門機関との研修交流、ボランティアやＮＰＯとの協動等の機会を広げる中で学び、都立図書館の力を高めていく必要がある。

3 有効な書庫対策を提案すること（Stock）

書庫問題は、眼前の危機を回避できたとしても、そう遠くない時期にまた満杯になることは明らかだ。二〇一〇年には、もっと深刻な事態も予想される。レファレンス図書館を標榜する都立図書館にとって、コストを抑えながら、物としての資料をいかに保存していくかは、サービスの基盤を決定づける問題だ。それだけに、外部の状況変化にも対応できる、複数の選択肢をしっかりと準備しておく必要がある。とりわけ、共同保存庫（区市立、他県立、大学図書館等との）の設立の可能性と、共同保存に対する各機関の役割分担について、検討を進める必要がある。

二〇一〇年に向けての進化の道のりは、「経営指標」・「人材の活用」・「書庫対策」、この三つについての危機意識を、いかに持続できるかが鍵だ。決して平坦ではないが、乗り越えることはできる道だと思う。

第三章　都立電子図書館を創る

——二〇一〇年デジタルテクノロジーがサービスを変える

都立電子図書館?それはインターネット上のバーチャル図書館だろうか?それとも新しい建物が建ったのか?答えはどちらでもない、というよりどちらの機能も兼ね備えた新しい図書館の姿だ。

二一世紀の最初の年二〇〇〇年に都立図書館はコンピュータシステムを一新し、ホームページを開設した。ほぼすべての蔵書がOPACでもインターネットでも検索できるようになり、都立図書館は電子図書館への第一歩を踏み出す基盤を整えた。それから三年、メールによる二四時間受付のレファレンスサービス、お役立ち情報源のホームページでの紹介、無線LANによるインターネット接続実験への参加、都内図書館横断検索など、〝レファレンスの都立図書館〟が蓄積したノウハウに情報技術を応用し、忙しい現代人のニーズに適うサービスを発展させてきた。そして今、『電子図書館推進マスタープラン』が完成しつつある。マスタープランの核心は、デジタルテクノロジーを活用してコストパフォーマンスを重視しつつ徹底したCS（顧客満足）を追求することにある。このプランから描き出される二〇一〇年の都立電子図書館の姿を次の四つの観点から展望してみた。

1　次々と生み出され流れる情報を確実に求める人の手に届ける社会的装置として

二〇〇二年、日本で一年間に出版される図書は七万点近い。一日二〇〇点近い本が生まれている。目に触れるのは僅かだ。流通経路に乗らない図書、雑誌、新聞、電子資料等をあわせると膨大な情報が日々生産されている。都立図書館の購入システムはいわば「とても大きな本屋さん」であり、本屋さんの店頭に並ばないものでも大事なものは漏れなく集めるよう司書が目を光らせている。二〇一〇年の都立図書館はさらにインターネット上の情報源、特に都政・東京関係の情報は定期的に収集保存している。こうして集めた本や情報をメールマガジンの「E-METLICS」ですばやく求める人に伝える。登録すればだれでも内容紹介付きの新刊情報や都立図書館のニュースをメールで送ってもらえる。さらに興味がある分野を登録した会員は雑誌の目次情報を送ってもらえるサービスもある。コピーもメールで申し込めばすぐ送ってもらえる。有料だが、必要なときに必要な情報がすぐ手に入るのはありがたい。こうして図書館にいく時間のない人、図書館にいけない事情のある人もいろいろな形でサービスを受けられるのが都立電子図書館の一つの姿だ。

2　蓄積したストックに新たな命を吹き込み世に送り出すプロデューサーとして

都立図書館は、図書、雑誌、新聞、マイクロフィルム、地図、CD-ROMその他二五〇万点をこえる多様な資料を保存し利用に供している。この中には錦絵、江戸城図などの貴重資料、都内随一といえる中国語および韓国・朝鮮語図書のコレクションも含まれる。だが、その多くは閉架書庫に入り、資料請求があるまで利用者の目に直接ふれない。しかし二〇一〇年の都立図書館は蓄積した力を活用し、経験を積んだ司書がストックとしてのこれらの資料群とデジタルテクノロジーを駆使して、所蔵資料に新たな価値を付加して人々に届ける。錦絵や江戸城図面などの画像資料は都民共通の財産としてインターネットに公開、見て楽しむこともできるし、多くの検索項目から専門的に調査することもできる。

起業創業、教育その他様々な分野の質問事例はデータベース化されホームページに掲載されている。各種目録や索引などは本やCD-ROMなどいろいろな形で作られ販売されている。ホームページ上で見ることもできるが、手元に置きた

い人は買うこともできる。こうして都民共通の財産である図書館資料に新たな命をあたえ世に送り出すのが、都立電子図書館のもう一つの姿だ。

3　知的感動を呼び覚ます心地よい場として

二〇〇二年のある日、中央図書館に初めて来館した方が、吹き抜けの見通しのよいホール、ずらりと並んだ検索パソコン、厚みを感じさせる資料群、迅速的確に資料を案内する司書、それらが調和を保って提供されていることに感激したという投書を下さった。こういう図書館が首都東京にあることを都民の誇りとしてもらいたい。家庭でいながらにして蔵書検索ができるようになっても知的興奮の炎を静かに燃え上がらせる場としての図書館の重要性はなくならない。二〇一〇年、場としての図書館は洗練の度を増している。ずらりと並んだパソコンから館の蔵書、個人では契約が難しいオンラインデータベース、そのほかのインターネット上の情報、本や雑誌の目次やあらすじなどの二次情報を自在に検索できる。WEBベースの使いやすい統合検索システムが実現している。館内には無線LANによるインターネット接続環境が整備され、持ち込みの自分のパソコンやもっと手軽な携帯端末

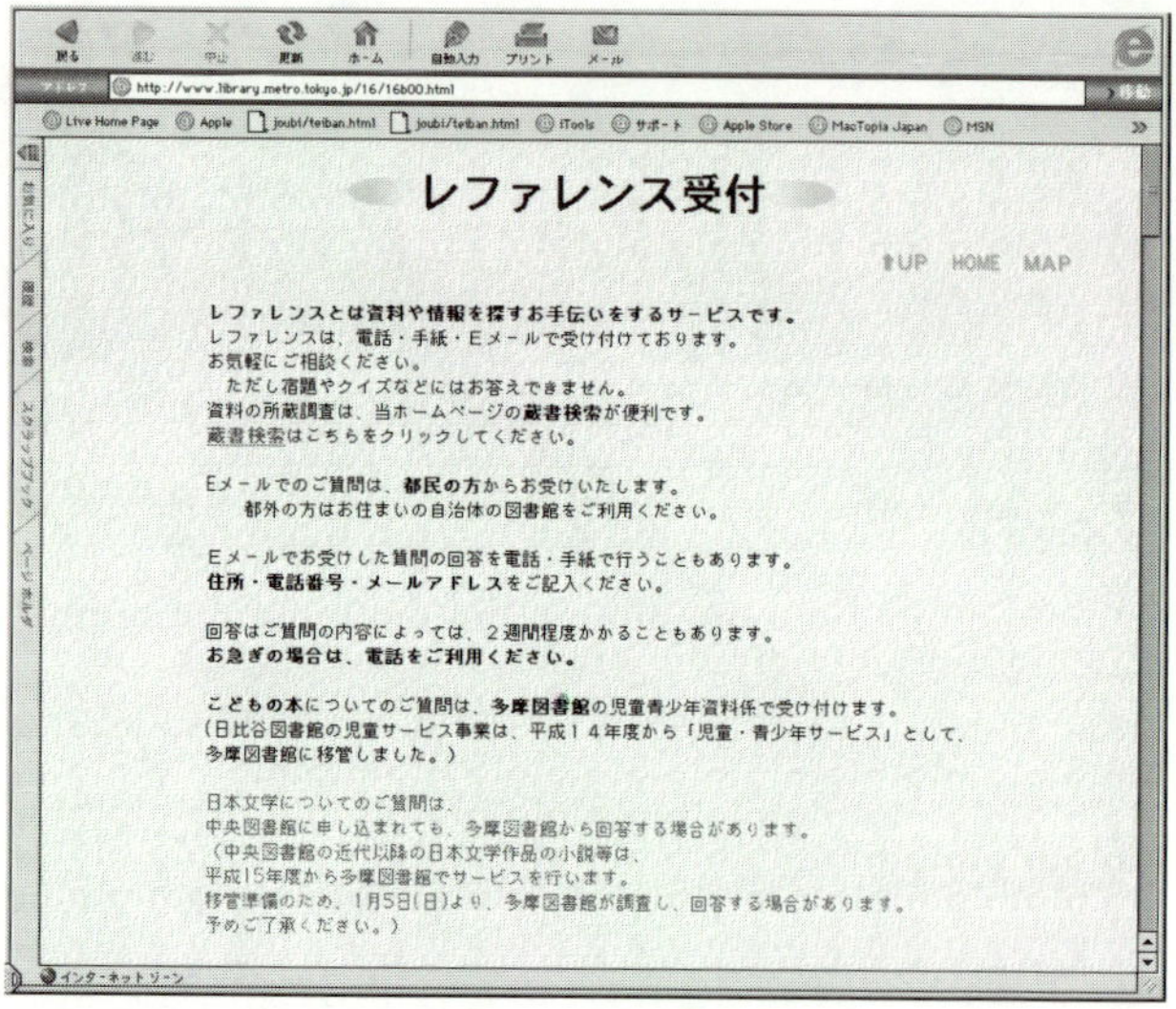

からインターネットを検索したり、取り込んだ情報を送信することも可能だ。

「検索」という行為が多くの人の日常の当たり前の行為になっている。そんな時代だからこそ、情報を得る技術を持たない人への支援が重要になる。そういう方のためにさりげなく情報ボランティアが待機し、とまどっている人にそっと声をかける。情報ボランティアは、サービスを「提供する人」と「受ける人」の垣根をはずし、図書館を使う人のニーズを的確に捉え顧客満足向上につなげる存在である。検索講座の講師を務めることもある。検索講座は様々なテーマ、レベルのものが毎日のように実施されている。ビジネスや医学の専門情報講座など外部の専門家に講師を依頼することもある。これらを企画するのは司書の役目だ。資料情報を最大限活用し、さまざまな人に満足してもらえる企画力は厳しい自己研修と情報化時代にふさわしい人材育成システムが作り出している。

検索コンピュータに群がる人とは別に、静かに本に読みふける人も多い。有料予約制のミーティングルームでは創業の経験と知恵を交換しあう人々の議論が続いている。本とコンピューターの配置、壁の掲示や展示などすべてが図書館からのメッセージであると考え、図書館は専門のアートディレクターの助言も求め、知的満足を得る場、都市の活力を生む場としての図書館を実現した。そのコンセプトはいまや図書館全体に共有され、訪れる人に刺激を与えている。

4　様々な人と団体を結ぶコーディネーターとして

ＮＰＯ、ビジネスマン、学校の先生、行政関係者、などなど本と情報を必要としない人はいない。様々な人が様々な立場でより有意義に図書館を利用できるよう、そしてただ利用するだけでなく、様々な形で図書館サービスを提供する側の一翼も担えるよう司書はコーディネートする。本と情報を媒介として人と人が出会い、出会いが東京の活力を生む、そんな場が二〇一〇年の都立図書館である。

第二部　二〇〇二年の都立図書館

―『都政新報』シリーズ図書館ＮＯＷから―

第一章　都立図書館はあなたの情報ナビゲーター

都立図書館には、中央図書館と日比谷図書館と多摩図書館の三館があり、密接に連携しながら、豊富な資料をもとに利用者への閲覧サービスや調査研究の援助、都内区市町村立図書館への資料の貸出などを行っている。また、都庁内各部局に対する情報サービスも積極的に展開している。都立図書館の歴史はそのまま日本の図書館にもつながるものだ。都立図書館の今、そして未来を考えてみたい。

図書館は貸本屋か？

『図書館は公営貸本屋』このように思っている方もいるかもしれない。しかし、少なくとも都立図書館は貸本屋ではない。中央図書館と多摩図書館では貸出をしていないということからではなく、都立図書館の使命は別なところにあるからである。あえて言えば、都立図書館は『情報案内屋』、IT時代に即して言えば「あなたの〝情報ナビゲーター〟」として機能することにある。膨大な情報の大海の中で、お客様（利用者）が探している情報に、素早く的確にナビゲー

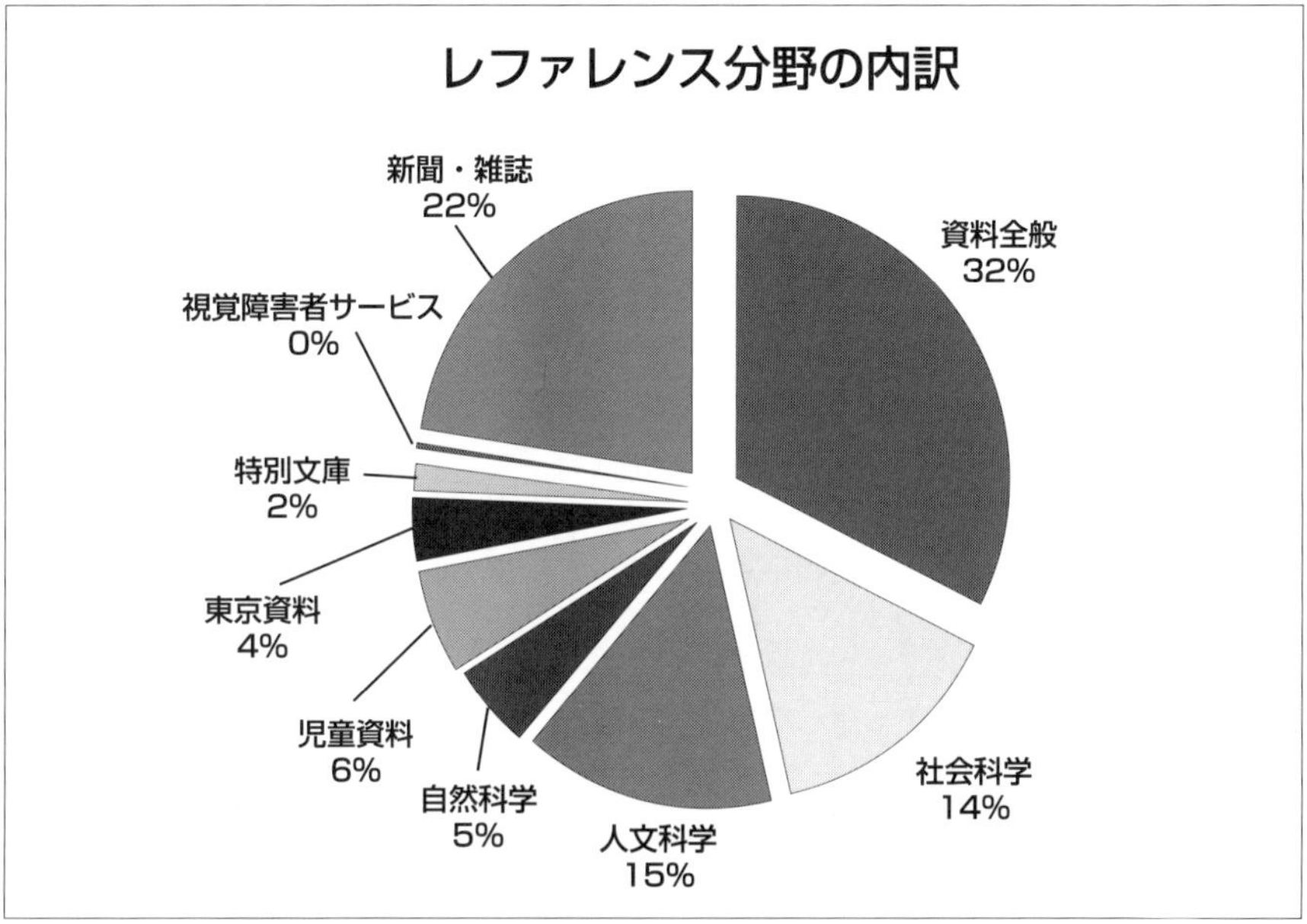

トすることが都立図書館の機能であり、司書の最大の職能である。

図書館の中心機能「レファレンス」

情報ナビゲーターとしての図書館の中核サービスを「レファレンス」と呼んでいる。都立中央図書館を例にとると、一階中央ホールに蔵書検索などが行えるパソコンが並んでいる。ここでめざす資料が探し出せれば、それを閲覧請求してもらえばよい。（蔵書検索は都立図書館ホームページからも行える。）しかし、知りたい事柄がどの資料にあるか分からない。どんな資料があるのかも知らない。どこから調べればよいか見当がつかない。あるいはこんな資料があるか聞きたい。などという時は、相談カウンターの司書にお尋ねいただきたい。中央図書館には一階のほかに各階にも専門分野ごとのカウンターが設けられている。司書は蔵書などの知識と経験を駆使して、資料の所在、探索、調査のしかたなど、情報のありかをご案内する。一般向の平易なものから、的を絞ってさらに専門的調査へとご案内することもできるので、お客様は司書の案内を参考に調査を進めていくことができる。図書館にない資料でも、どこに行けばあるかという案内も行っている。

都立図書館の広さと深さ

公共図書館が受けるレファレンスのテーマは、専門図書館と違って、森羅万象にわたる。とりわけ都立図書館は、あらゆる需要に応えるため、網羅的に資料を収集することに努めてきたので、間口が広いだけでなく、奥行も深く、専門的な調べものにも対応できる。生活上のちょっとした疑問から、高度な科学技術文献の調査まで対応できる。身近で、使いやすい図書館として、今後も高度情報化社会の中で高まるお客様のニーズに応えていこうとしている。国立国会図書館に次ぐ二五〇万冊という国内第二の蔵書数を擁しながら、多数のCD-ROMやデータベースへのアクセスなどを整備し、来館されるお客様だけでなく、インターネットや電話による資料の問合わせ、また都職員の職務遂行上の情報収集を支援する政策支援サービス、そして区市町村立図書館へのサービスや支援に努めている。

寄せられる調べもの相談

レファレンス事例をご覧いただきたい。実に様々な情報ニーズが寄せられていることがおわかりいただけると思う。どのような事情で調べているのであろうかと、ふと思うこともあるが、図書館はそこまで立ち入ってはならない。しかし、ビジネスあるいは仕事関係の相談が多く寄せられていることは確実である。ビジネスマン、自営業者、行政関係者、NPO関係者などの情報ニーズは今後もますます増加していくことであろう。

社会の中の図書館

情報化社会の進展によって、質の高い情報をもっているか否かが、経済・社会の競争と創造を左右するようになってきた。高品質の情報を迅速・的確に入手するにはどうするか。大企業では、企業内に情報センターを抱えて情報の収集を行い、情報教育も実施しているところが多いが、それでも限界がある。まして、中小企業のビジネスマンや自営業者、これから起業しようとする人、就職を希望する人などにとっては、必要な情報の入手はなかなか難しい。こうした時、図書館、特に都立図書館は、情報インフラとしてお勧めの存在であり、大いに役立つこと請合いである。情報化社会の進展の中で、都立図書館の役割はますます重要なものになってきている。

情報格差の解消と電子図書館

情報の格差を解消することも今後の都立図書館の重要な使命の一つである。情報の格差には三つある。

一つは、情報機器を持っていない。持っていても使いこなせないために、情報を入手できない場合。

二つ目は、経済的な理由から有料情報の入手が困難な場合。

三つ目は、図書館などから遠く離れているため、十分な情報が入手できない場合である。

都立図書館は、情報格差を解消するため、情報リテラシー支援事業の実施、インターネットへのアクセス基盤整備、データベースへのアクセス提供などを行っている。さらに、「いつでも誰でもどこからでも」図書館サービスを受けられるよう電子図書館の実現を目指している。すでにインターネットによる蔵書検索やEメールレファレンスなどを実施している

都立図書館レファレンスと資料貸出の流れ

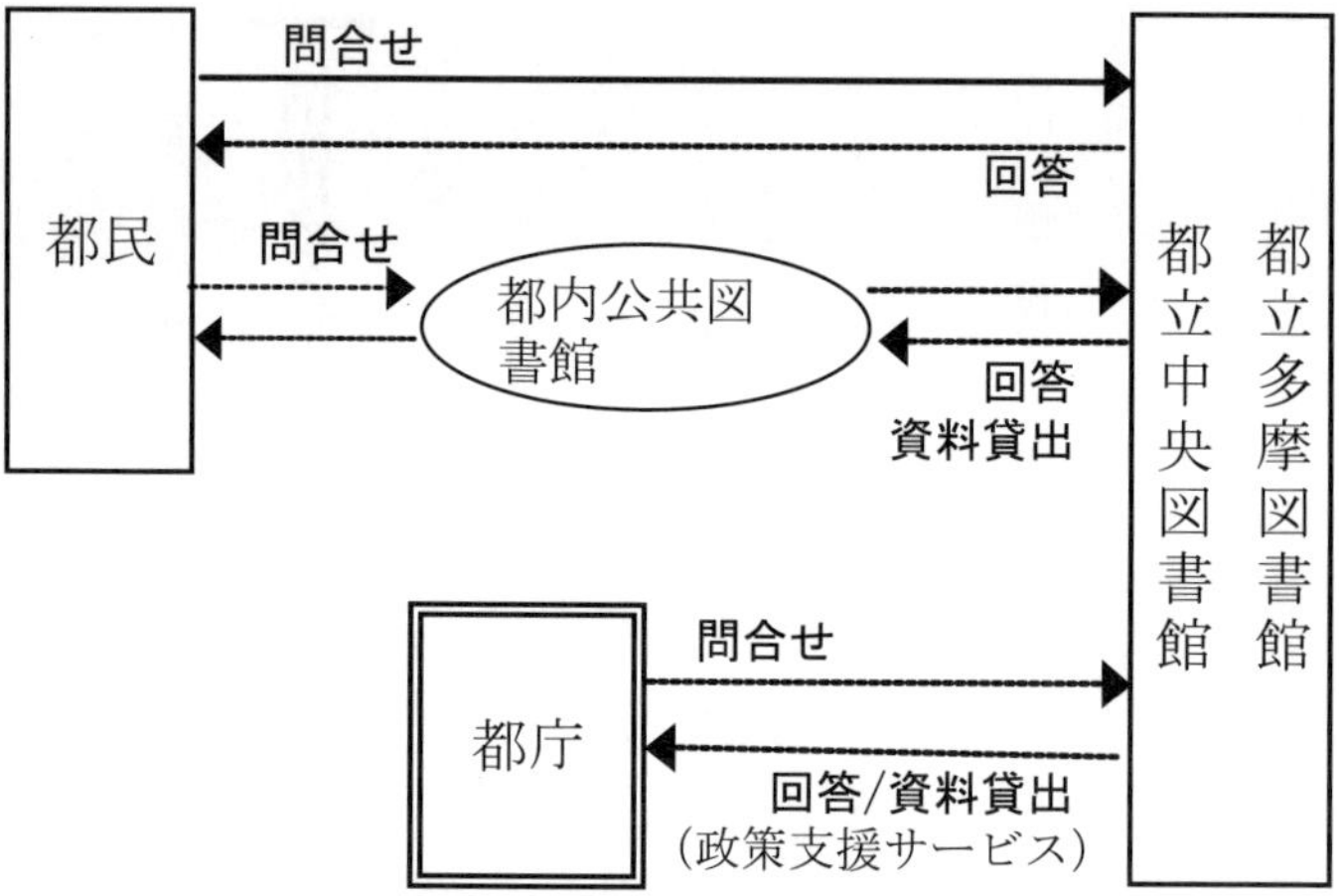

問合せは【電話・文書・Eメール・来館】でお受けしています

が、今後さらに、区市町村立図書館や都の各種資料室などを含めた横断検索システムなどを整備していく計画である。

知の森で

図書館に来館する方は、探す情報を明確に持っている人ばかりではない。漠としたアイデア、霧のような問題意識、そんな状況から何かをつかみたいという場合もある。そうした時には、書棚の間を、背表紙を眺めながら歩いてみてはいかが？国立国会図書館と違って、一〇万冊以上の図書が開架（表の書棚にでている）になっていることは、なににも代え難い利便性といわれている。リラックスしてぱらぱらとアンテナにかかった本を眺めながら、『知の森』で遊んでみることもお勧めしたい。

・昭和16年の木炭１表の値段はいくらですか。

【歴史・人物情報】

・1917年にあったのは鉄道省か鉄道院か、当時の総裁は誰ですか。

・『尊卑分脈』の安倍氏の系図で平安時代の安倍晴明の前後が知りたい。

・新潟県にあった村松藩の分限帳が収録されている資料はありますか。

・明暦の大火（1657）時の旗本と御家人の人数と禄高について知りたい。

・アメリカ国家安全保障会議（NSC）のM・グリーンという人について知りたい。

【アート】

・２代目市川団十郎作「ういろう売り」のセリフを説明した本を探しています。

・「美しき青きドナウ」作曲のきっかけとなったカール・ベックの詩のドイツ語版は。

【自然・医学】

・中国雲南省麗江で起きた地震の被害状況と復興計画を調べている。

・白いカタクリは突然変異か、種類か調べている。

・新薬「ホーリン２」の禁忌事項について知りたい。

・日本における小児病院の成立過程についての資料はありますか。

・記憶喪失の患者数が知りたい。

・少林寺系伝統医学に関する資料を探している。

【建築・工学】

・明石城（重要文化財）の修理工事の記録資料はありますか。

・アポロ11号のロケットに使われた部品の数を知りたい。

・韓国の造園、作庭思想、技法についての資料を探している。

【東京関係】

・東京都の清掃工場で、平成６～９年頃使用していた薬剤を知りたい。

・東京の下水道の歴史、建築、構造、機能についての資料はありますか。

・明治20年代の府会議員の選挙権と、被選挙権を得るための税額は。

・江戸時代に花火を打ち上げるとき、警備や防災をどうしていたか。

・東京タワーとサンシャインビルの地下の深さと構造についての資料は。

・東京湾が埋め立てられる前の地図（絵図）はありますか。

・東京空襲の時、樹木で類焼をまぬがれたそうだが、樹種と地域は。

—都立図書館のレファレンス質問事例—

資料・情報に関することなら、ビジネスや仕事に関連するご質問から、暮らしに関わるものまで幅広くお受けし、調査・回答しています。

【ビジネス】

・輸入化粧品の日本国内のマーケットシェア、特に自然素材の商品について調べたいのですが、中央図書館にはこの件に関するどういった資料がありますか。ない場合は他にどこで調べることができますか。

・墨田区の繊維産業について、現在の動向や区の政策について調べています。なにか資料はありませんか。

・キャラクター・グッズの種類と販売についての資料はありますか。

・韓国仁川港の出荷量の多い魚介類、名産品を知りたい。

・広告の効果測定法のウォルフ法について書かれた本はありますか。

・日本の企業のコーポレートカラーの一覧表を見たい。

・ナイジェリアの自動車産業について調べている。

・お台場にあるテーマパーク[MEGA WEB]のコンセプトはどのようなものか。

【法律・政治】

・商法第374条（会社分割）（平成12年5月改正）の英文のものが見たい。

・倒産・破産の専門の弁護士を知りたい。

・アメリカの代理母訴訟の判例と関連資料を調べたい。

・韓国の警察組織について書かれた本はありますか。

・昭和20年以前の少年犯罪についての資料はありますか。

・ネール首相の1949年10～11月訪米時の講演集はありますか。

【教育・暮らし】

・旧植民地（朝鮮・韓国・台湾・満州）下での聾教育についての資料は。

・野菜を冷凍したときの、成分の変化についての資料は。

・大正時代のロシアンケーキについての文献と作り方を調べている。

・古代食の「味滓」について知りたい。

第二章　レファレンスこそは、都立図書館のいのち
―一日五〇〇件のレファレンス

レファレンスライブラリアンＡ氏の一日　―資料相談係はお客様への総合窓口

Ａ氏は都立図書館に勤めて七年、都立中央図書館情報サービス課資料相談係に在籍して三年の司書である。資料相談係はお客様への総合窓口。相談カウンターにおけるレファレンスや、パソコン検索支援などを主に担当する。職員十人でローテーションを組み、土日祝日夜間を含めサービスを行っている。次々鳴る電話に追われながらも仕事のおもしろさを実感する日々である。そんなＡ氏の一日を追ってみた。

午前八時三十分　出勤

開館までにやらねばならない仕事はまず書架整理。二十万冊を超える図書が開架され、自由に手に取って見られる点が好評だが、書架が乱れたままでは利用に差し障る。あるべき位置にきちんと並んでいるのが利用しやすさの第一歩だ。書架を整えている時に役に立ちそうな本を発見することも少なくない。

午前九時三十分　電話当番

電話の周囲に百科事典や検索用パソコン、素早く調べられる態勢を整える。

◆「『岐阜県郷土偉人伝』はありますか？」杉浦秋次郎著、一九九三年刊を所蔵している。「住まいのある区の図書館への貸出が可能ですか？」可能ですと答える。

都立図書館は都内公立図書館を支援する機能があり、区市町村立図書館にない場合都立の本を貸し出す。これを協力貸出と呼ぶ。

◆「『特殊部隊　対テロ戦争―兵士・武器・戦術』（光文社　一九九〇年）は持っているか」持っているが協力貸出中だった。

話題の本は、来館利用と協力貸出が競合し、「せっかく来たのに本がない」と苦情を受けることがある。電話が途切れたので、前日からの引継ぎの調査をする。「カールマン症候群と視床下部症候群の研究者を探したい」というもの。従来は、『医学研究者名簿』をお客様自身が調べるしかなかったが、インターネットから国立情報学研究所の「研究者情報」を検索すると研究者名がわかった。インターネットを活用して調査が可能になった事例だ。

インターネットは調査の手段として大きな力を発揮しているが、どのサイトがどんな調査に有効か一般にあまり知られていない。都立図書館は検索講座開催やホームページのリンク集などを通して情報リテラシー育成をお手伝いしている。

◆「『広島長崎原爆写真』（日本図書センター刊）があるか」との問合せ。「広島長崎原爆」で検索するが都立にも国会図書館にもない。お客様に伝えると、正しい書名を調べてみますとのこと。電話を切った後で日本図書センターの出版目録を調べると、正しい書名は『ヒロシマナガサキ原爆写真』（全六冊　一九九三年刊）であり、所蔵していた。

資料相談係では原則としてその場でわかる範囲で回答する。専門的な調査が必要なら電話を主題室に回す。時間がかかりそうなら、いったん電話を切って調査する。

午前十一時　相談カウンター当番

相談カウンターは電話と違い、面と向かって話が聞けるので、お客様が本当に求めているのは何かじっくり聞き出すことができる。

インターネット開放端末は二台とも利用中、電源を配したパソコン使用席は半分程度が埋まっている。土日はパソコン席の利用が多く、全館の六八席分がすぐ満員になる。コピーサービスは午後には長い列ができるだろう。

◆「東京の住宅名のわかる古い地図が見たい。」という高齢の方からの質問。五階の東京室を案内する。東京室では、昭和三十年以降は、『住宅地図』、以前は『地籍地図』、『火災保険特殊地図』を案内している。「地籍地図」とは、地籍図と土地台帳を合わせた地図で、今の住宅地図のように使える。『火災保険特殊地図』は、火災保険の評価に使用した詳細な地域図。戦前から昭和三五年頃までの貴重な資料である。

◆インターネットでの検索結果を持参して、この資料が見たいというお客様。

平成十二年二月から都立図書館のホームページで蔵書検索ができるので、こうした事例が増えている。月六～十万件の検索がインターネット経由で利用されている。

◆中日新聞と朝日新聞の利用の希望。中日は閉架に原紙があるので閲覧請求を、朝日は開架に並んでいる縮刷版の位置を案内する。

新聞の問合せは地方新聞とスポーツ紙に関するものが多い。地方新聞は滋賀県を除き全県一紙を集めている。各種の業界新聞、縮刷版、マイクロフィルムもあり、充実したコレクションを利用する人で新聞雑誌室はいつも混み合う。

◆五十歳位の外国人夫婦から英語で質問。耳が聞こえないゼスチャーをなさるので筆談に移り、聾唖者団体を訪れ交流したいとの希望がわかる。『全国各種団体名鑑』調べ、全日本聾唖連盟を案内すると、「Perfect」といわれ、握手を求められた。中央図書館は場所柄、外国人の方の利用も多い。カウンターで対応するときはドキドキするが美しい日本語を話す方も多い。

午後〇時　昼休み

昼休みは交代でとる。五階の食堂のカレーライスがとても美味しいと言っていた評論家がいるそうだ。食事のあと、間近に迫った展示会の資料確認をする。

午後一時 検索案内カウンター当番

◆蔵書検索パソコンの検索結果の一覧が表示された後、どのようにするのか分からないという質問。開架図書は請求記号をメモしその場所を探しに行く、閉架図書は、資料請求票が印刷できるのでそれで請求することを案内する。

中央図書館では開架の五倍以上の図書が書庫に入っている。これらはお客様の請求により書庫から取り出す。これを書庫出納というが、電算システムを更新してから、資料請求票がパソコンから出力できるなど便利になったので書庫出納冊数が激増した。

午後二時　事務時間

まず十一月に予定されている展示会の準備。そのあと区立図書館職員向けレファレンス研修会の任務分担の案を係長と検討してまとめなければならない。

午後三時　相談カウンター当番

国会図書館が休みのためお客様が多く、コピー希望も多い。八月から日比谷図書館が工事で休館している影響も大きい。館内のインターネットのパソコンは原則として三十分の交替制だが、切れ目なく利用されている。

◆「英仏海峡トンネルの新聞記事のコピーが欲しい」との質問。「朝日新聞戦後見出しＤＢ（戦後五五年間の縮刷版の記事のデータベース）」を検索する。着工は一九七三年十一月二四日、開業は九四年五月二〇日、縮刷版を案内する。

午後四時　電話当番

◆「一九六三年から六五年の『サンデー毎日』はあるか？」

週刊誌もきちんと保存するのが都立図書館の役割であ

る。区市町村立図書館では、週刊誌はせいぜい一年以内の保存のところが多く、十年以上保存しているのは都立図書館と国会図書館くらいである。

◆「『マーチンイーデン』があるか?」著者と書名の両方で調べても出てこない。国会図書館のOPAC目録にもない。少し時間をいただいて調べる事にする。

幸い電話が途切れたので、「マーチンイーデン」を調査する。国立情報学研究所のデータベースを調べると、『絶望の青春』(新鋭社 一九五六年)の別タイトルが「マーチンイーデン」であることが分かる。ちょうど電話が掛かって来たのでこのことを伝えた。国会図書館にあるかといわれたので検索すると所蔵していた。お客様はどうして分かったのか驚いたようだ。

午後五時 電話当番終了

一日のレファレンスは五〇〇件ほど。回答未了の質問を遅番の人に引き継いで席に戻る。六時から若手職員の研究会が館内で開かれるので。出席する予定だ。

【ある国際機関の資料について】

○レファレンスご担当者さま　このたびは詳細な調査を頂き誠にありがとうございます。ご教示いただいた資料などを中心にしらべてまいりたいと存じます。

【明治時代の本に押されてある「天覧」という印について】

○調査御回答、ありがとうございました。少しでも、文字として出てきたことをありがたく存じます。

【「朝寝して、夜寝るまで昼寝して時々起きては居眠りをする」の出典】

○お忙しい中、丁寧な調査を頂き、大変ありがたく思っております。今後の都立図書館のご発展をお祈り申し上げます。

【IT市場、通信インフラ整備の進展について】

○大変速いレスポンスをありがとうございました。役に立ちました。

【「アラベスク模様」の数学的な規則性についての本・論文について】

○都立中央図書館 ライブラリアンの皆様、大変ていねいな調査、報告をいただき、ありがとうございました。探していただいた資料の中身はこれから調べようと思っております。

【パソコン関係の雑誌について】

○早速の返答、ありがとうございます。在宅での仕事に役立てるために探していました。家で読むことになるので、通勤地周辺の図書館に依頼してみます。

【主要国で比較した中小企業の規模・数を示す資料等について】

○ご丁寧なお返事ありがとうございました。示唆に富む資料をたくさん教えてくださり、大変助かりました。このサービスを知ってこれからも活用させて頂きたいと思います。上司に図書館には専門職が必要であることをPRしました。

情報・資料の“コンセルジェ”をめざして

ホテルにおけるお客様の相談役のプロ、“コンセルジェ”のように、都立図書館の司書は、資料・情報の相談役のプロとして、年間二十数万件の資料相談を受付け、回答をしています。ご満足いただけた時のお客様の言葉に励まされ、さらに情報・資料のプロフェッショナルとして、皆様をサポートしてまいります。

ここにお客様からの言葉の一部を掲載させていただきました。

【　　】：ご質問　　　　　　○：回答に対するお客様からの返信

【ある事項についての国際比較で、最近行われた調査結果の資料について】

○ご丁寧に調べていただき大変感謝いたします。近いうちに伺って資料をコピー取らせていただこうと思います。

【リサイクル事業の事例について】

○早速のご回答ありがとうございます！こんなに早くご回答をいただけるとは思っておりませんでした。参考にさせていただきます。

【高校野球夏の甲子園の大会歌「ああ栄冠は君に輝く」について】

○レファレンスご担当者さま、さっそくの回答ありがとうございました。作詞者に関する思いもかけないエピソードを知ることができました。

【ある洋風建築の写真について】

○詳しく調べていただき感激しております。こんなにいろいろ近代洋風建築についての書物があることが分かり、本当にうれしく思います。

【戦前の会社の社史等について】

○ここまで調査いただきありがとうございます。私のほうでもだいぶ試みたのですが、インターネットではみつかりませんでした。これらの文献をぜひ今度拝見させていただきます。

第三章　情報都市東京を支える都立図書館

――都民の調査研究に貢献

東京は、メディア都市である。出版社が集中、全国の中で約八〇％（三四三四社）に達している。新聞は全国紙だけでなく各種業界紙が東京に集中する。テレビ・ラジオ局の東京キー局体制も考えると、情報集中のすさまじさがわかる。情報が集中する東京の中にあって、都立と地域の図書館は活字文化を中心にそれらを受け止め蓄積し、広く都民に提供する。いわばメディアの一翼を担っている存在でもある。これらの役割を果たしていくためには情報資料の綿密な幅広い収集能力が必要だ。経済情勢がきびしく、予算が手薄な時勢でも、より効率的に、かつ確実で着実に完遂することが求められている。ここでは、図書館の命である資料収集を見てみた。

本の集め方

都立図書館には、書店と同じように、月曜から金曜の毎日早朝、書籍の問屋である取次会社から新刊書が送られてくる。

年間六万五千冊以上も出版される図書を迅速・確実に収集するには、既存の流通機構（取次会社）を活用するのが効果的なのだ。収集対象分野の図書は年間三万冊程度が配本され、これを司書職員が一冊一冊手にとって選書し購入を決める。新刊書すべてが配本されるわけではない。買切扱い制度を採っている出版社や、取次会社の配本から漏れた図書は、書店に注文して購入する。

また、取次会社が扱わない図書も数多く出版されている。地方出版社、小出版社や、編集から出版販売までを直接行う、直販ものなどである。地方史誌なども多く、これらを収集するのは、手間のかかる作業である。

さらに、古書店から各分野の既刊（古書）の基本資料を購入する。古書販売目録によるほか、最近はインターネットでの販売も増えている。

非売品にも図書館の調査研究に必要な図書が多く、積極的に寄贈依頼して収集する。都民ニーズに応える図書館資料の収集には、幅広く情報をチェックすることが欠かせない。この収集作業（機能）が図書館の命だ。

出版界の動向・変化

九七年から出版物の総実売金額は、六年連続して減少した。ここ数年『出版クラッシュ』『出版大崩壊』『だれが「本」を殺すのか』などのセンセーショナルな本の出版が増えている。

こうした中で、生き残りをかけて様々な試みが始まっている。電子出版、電子ジャーナル、オンライン（インターネット）書店、オンデマンド出版などである。しかし、成功しているものは少なく、まだ初期投資の段階である。

出版社の売上減少が続くと出版界からその原因追求の論議が始まった。出版不況の最大の原因はあらゆる年代層を通じて進行している活字離れだが、それに次いで問題になっているのは、ブックオフをはじめとする新古書店だ。公立図書館の動きにも批判が強い。いずれも、街の書店や出版社には脅威だからだ。

公立図書館でのベストセラーの大量購入による貸出やコイン式コピー機能の充実などは書店業界の目には強敵に映っている。

東京都立図書館　資料収集の流れ

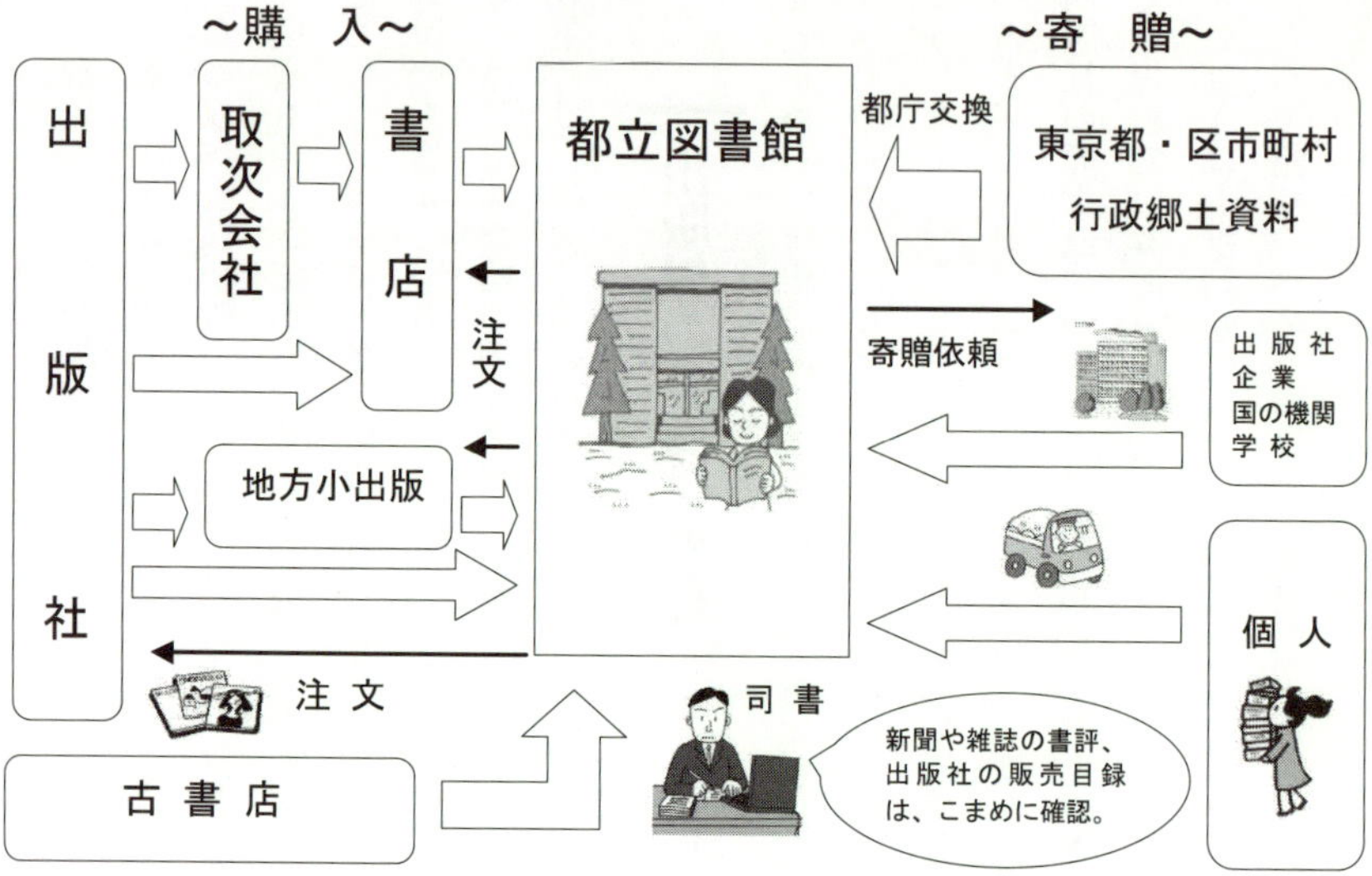

公立図書館の貸出冊数は、昨年ついに五億冊を越えた。九〇年に二億五千万冊だったのだから、十年間に二倍になった。このまま推移すれば、九億冊強をピークに減少している書籍売上冊数と近々にも肩を並べ、逆転するとの見方もある。

都立図書館は原則として一点一冊しか購入しないが、区市立図書館はベストセラーを多数購入するところもある。利用者の要求充足と幅広い資料提供の役割とのバランスを追及しつつも、著者や出版界との共存を図ることも大切である。

伸び続けた図書館の資料購入費にもここに来て逆風が吹いてきた。九十年からの十年間で百三十億円増え、約三百六十億円に達した全国公立図書館の資料購入費は自治体の財政難を背景に九八年度以降、減少に転じたのだ。

資料購入費が減ると、貸出冊数を増やすのは難しくなる。そればかりでない。必要な資料収集が十分に出来るのか、の懸念が出てきた。

図書館界も出版界と同様に困難な局面を迎えている。

図書館と出版界

新刊の発行点数は、出版社の上位二〜三百社が全体の約半分を占め、残り半分を九五%を占める中小・零細出版社が出版している。

大手出版社は宣伝力も強く一点あたりの発行部数も多い。ベストセラー作りも巧みである。取次会社は宣伝力のある出版社の本を中心に書店に配本する傾向がある。そのため、どの書店にも同じ本が陳列され、「金太郎飴書店」との酷評を受けることもある。図書館もうっかりすると「金太郎飴図書館」になりかねない。地域のニーズにそって品揃えをするには、司書職員の努力が重要になる。

都立中央図書館は、地域の図書館より広く、あらゆる刊行物の収集を目指し、資料の確保に力を入れる。もちろん中小・零細出版社にも目を配る。

ただし、この分野は図書館の資料購入予算の多寡にもっとも左右されやすい分野でもある。購入金額が少なくなれば、大手や中規模出版社が発行する基本的な図書の収集だけで予算を使い切ってしまう。予算のゆとりがなくなれば零細出版社を含めた多種・多様な図書の購入には手が回らなくなるのだ。

資料購入費の現在の落ち込みぶりは急激だ。都立三館（中央・日比谷・多摩）の資料購入費は九五年度の約四億四千万円から九九年度約四億円へ。平成十三年度は約二億五千万円へと減少した。

その中で、三館での重複収集を可能な限り少なくして、都立図書館として収集すべき図書を集めるなどの努力をしている。しかし、収集率は年々下落し限界に来ているのも事実だ。

図書は出版された時に収集するのがベストで、時期を逃すと集めるのが非常に難しい。長引けばさらに厳しくなる。財政難による今日の収集率の下落が、将来の都立図書館の調査研究機能の低下に繋がることが懸念される。

日本経済が一日も早く持ち直し、自治体財政が好転してくれることを祈る思いだ。

坪内祐三

「都政新報」シリーズ図書館NOW①「図書館と私」より

「もともと図書館好きじゃなかった。大学の頃は使いませんでしたね」と言うが、知り合いに都立中央図書館がなかなかいいよと勧められたと。「開架式が充実している図書館が好きなんです」。年齢制限があり、スペースが空いていて、周りが気にならないのも良かったという。

大学院を出て一年半位は週に二度ほど、目的もなく図書館に通い、面白そうな本があれば読むという生活を続けた。「現代英米文学の原書が開架に充実していて、マイナーな作家もあって、結構利用しました。花田清輝や上林暁の全集もほとんど読んだ。その時開かなければ読むことはなかったと思いますね」

東京関係の本を読むのが好きで、「東京室」も利用したが、『東京人』の編集部に入って特に活用。その後、『月刊Ａｓａｈｉ』で、「近代日本異能偉才百人」とか「実業家百人」などの特集を手掛け、文春の『ノーサイド』にも携わった。

いずれも「人に知られてない、定番でない、知る人ぞ知るというような人物を紹介したかった」というコンセプトだけに、明治から大正に活躍し、今は入手しにくい作家の本も充実している中央図書館は打って付け。そこで原稿を書くことも多かったと話す。

仕事柄、膨大な本を所有するが、「出来るだけ本を増やしたくないので、図書館にある本は基本的に図書館でいい。手元に置いておきたいものと区別していますね。志賀直哉、漱石、鴎外といった作家は図書館で十分だが、例えば森銑三、植草甚一、川崎長太郎とかは手元に置きたい」

今は近くの世田谷区立中央図書館を利用することが多いが、「地域の要望にこたえて、ベストセラーを二十冊とか置くのはとんでもないと思う。ベストセラーを百冊置くより、十年に一度しか利用されない本でも珍しいクオリティーの高い本を置いて欲しい。世田谷は開架式のところに戦前の貴重な本が置いてあり、すごく嬉しいんですよね」

『文庫本を狙え』でもユニークな読書案内人を務める氏だけに、図書館が文庫を対象外にしているのにも異論が。「単行本から文庫という昔ながらの考えから抜け切れていないのでは。今は文庫でどんどん発行され、しかも二、三カ月で消えてしまう。文庫は図書館には期待しないで、自分で購入しています」

驚いたのは、戦災に遭わず戦前の本を所蔵するある区立図書館が、古本を廃棄処分にしていること。「たまたま知り合いが通りかかって、僕の好きそうな本だからと持ってきてくれ、見たら大庭柯公著作集なんです。古本屋で五万円位する本で、価値が分からない人が図書館にいるんですね。廃棄処分のリストを作って、是非見られるようにして欲しい」

今はインターネット本屋が充実し、図書を購入する環境は格段に良くなった。目が肥えないと選べないという側面はあるが、昔も硬い本は数千部といったところで、売れなかったことには変わりはなかったと話す。

「公共図書館の環境も使い勝手が良くなり、開放的になっているが、逆に図書館専門の取次のリストで適当に図書を購入するところもあるようだ」と苦言を呈しながらも、仕事は一人では出来ないものだが、本屋とか図書館には、誰か一人、自己主張が出来て面白いディープな人がいると、充実した棚が出来ると。

「それを見て、やってることを評価してあげると、それが励みになると思う。図書館も読ませることを考えないで、書棚を見てもらう方向で、一般の人を引きつける努力をして欲しいですね」

（つぼうち　ゆうぞう）
一九五八年、東京都生まれ。早稲田大学文学部卒業。『東京人』編集者を経て、コラム、書評、評論など執筆活動を始める。著書に『ストリートワイズ』『古くさいぞ私は』（ともに晶文社）、『シブい本』『文学を探せ』（ともに文藝春秋）など。筑摩書房刊行の『明治の文学』では全二五巻の編集を担当。

辻由美

「都政新報」シリーズ図書館NOW②「図書館と私」より

『図書館であそぼう』（講談社現代新書）を著したのは、『翻訳史のプロムナード』（みすず書房）の後書きを読んだ編集者からの依頼がきっかけ。「翻訳家のかくれた楽しみのひとつに図書館とのつきあいがある」と図書館談義に費やされていたからだ。

「図書館のない生活は考えられないくらい、空気のような存在なので、かえって困ったが、体験談を書けばいいというので引き受けたんです」

自分が書いているものをすぐ周りにしゃべっているのだと笑うが、今回は皆がいかに図書館を知らないかに驚かされた。「ほとんどがレファレンスを知らない。こんな質問もあるんだと話すと、そんなことも質問するのとゲラゲラ笑うんです。話す人話す人びっくりしていました」

そういえば、いつも図書館に行くので、変人みたいに見られていたと苦笑し、そんな面白い所なら連れていってと頼まれ、案内すると、何で面白いのか全く分からないと言われたなど、エピソードに事欠かない。

馴染みは、都立中央図書館、国会図書館、町田市立図書館だが、使いやすさでは都立中央だ。「インターネットを使うようになって、前より身近になった。著者名でアクセスでき、すごく便利です。利用頻度はある意味で格段に増えました。メールでレファレンスが受けられるのもすごくいいですね」

それでも、あくまで図書館の原点は開架だと。「インターネットで調べるのは、著者名が分かっていたり、ある程度その分野を知っている場合だが、本を見渡して何かが見付かる時、それに勝るものはない。パソコンで本の番号が出て、書架に行くと、その周囲に良いものがあったりする。思ってもみなかったものが見付かるのが、最も面白い点だと思うんです。一番大きな発見があるのはコンピューターでなく、開架なんです」

しかし、「来る者は拒まず、去る者は追わず」で、図書館と潜在的利用者をつなぐ努力が足りなかったのではないか。司書の役割も、図書館にある情報と、それを必要とする利用者をつなぐことだが、もっと専門職としてのプロ意識を持って欲しいと苦言も呈する。

色々な利用の仕方がある図書館だが、まだまだ市民権を得ていないと感

じるし、それをアピールする知識人も日本にはいないと思うとも。

「日本では調査、検証が軽視されているような気がする。石器の捏造でも、どこの国にもあることだが、それが二十年間も分からなかったことが珍しい。松本サリンも、ちょっと調べれば、あんなに簡単に出来るものではないことはすぐ分かるのに、誰も調査、検証しようとしない。知らないものをどうやって調べるか、その能力が大事なんだが、それを評価しようとしないんですよね」

その意味でも図書館の役割は大きいが、『図書館であそぼう』の最初の章「チトニアの花と図書館」が来年度から中学二年の教科書に採用されるというのは朗報だ。

「教科書に図書館の本を入れる考えはあったようだが、適当な本がなかったようなんです。図書館なんてプライベートな空間で人に言うようなものではないと思っていたが、この本を書いて認識を改めましたね」

図書館は趣味のガーデニングなど、生活面でも大いに利用。さらに面白い使い方は、今日はサ行の作家の本を読もうと決め、読んでいくのだと。「本屋は売れるものが中心だが、図書館は人気があろうとなかろうと、同じように大切にされている。流行でなく、誰かに勧められて読むのでもなく、自分で面白いものを見付け出す楽しみもあるんです」

（つじ　ゆみ）

翻訳家・作家。東京教育大学大学院理科修士課程修了後、パリに学ぶ。一九九六年『世界の翻訳家たち』（新評論）で日本エッセイストクラブ賞受賞。著書に『カルト教団　太陽寺院事件』（みすず書房）、訳書に『中国女性の歴史』（白水社）『メアリー・シェリーとフランケンシュタイン』（パピルス）など多数。

佐野眞一

「都政新報」シリーズ図書館NOW③「図書館と私」より

書店、流通、版元、地方出版、編集者、図書館、書評、電子出版と、本を取り巻くすべての場面で、いま「本」を殺そうとしているのは、だれなのか。事件ルポルタージュとして書いたという『だれが「本」を殺すのか』。

それぞれの関係者に衝撃が走っただろうが、特に図書館からは「反発がありました」と話す。

「図書館が一番ギルドっぽかった。特殊な用語がまかり通っているし、理解させようという努力が感じられない。プレゼンスが弱いんです」

一番欠けているのが図書館教育という。「一般の利用者は図書館のことをよく分かっていない。でも、それは利用者の責任でなく、流通に例えればデパート、スーパー、コンビニといった違いが図書館のトップの頭に入っていない。ベストセラー本が並び、個性も全くない金太郎飴図書館が増え、社会教育行政の貧しさを露呈しています」

公共図書館は「知の探求」という宇宙へのとばぐちであって、その奥にはレファレンスなどの世界が伸びていることを知らしめることだと言うのだ。「無料貸本屋として沢山の人が予約して順番を待っているのは、一見活況を呈しているように見えて、魅力のほんの一部でしかありません」

区立図書館と同じような意識で都立や国会図書館に来る人もいる。また、

どこの図書館でもすべての本が借りられるネットワークがあるが、一般に知られていない。いずれもPRが足りないのではないかと話す。

自身は図書館で、ジャングル・クルーズのように本の森にわけ入っているうちに、自然に体得していったが、「家庭で母親が図書館とうまく付き合うことを教えることも大事でしょう

ね」

幼い時から本の虫。図書館は「知の宝庫、アンダーグラウンドだった」が、今は「普通の方々と違って、いびつな利用法だと思います。僕と図書館の関係は、レファレンスや仕事にかかわる参考資料を検索するといったことで、読書の喜びとは違っていますね」と。

その意味では、都立中央図書館は使い勝手がよく利用することが多い。

「電話でレファレンスしておいて、いくつか仕事がまとまったら出向くので、図書館には一日仕事の覚悟で入りますね」

電話の相談窓口では、かなり専門的な図書でも六、七割は行き当たるとか。「レファレンスの質は高いと思う。東京室があるのも、東京のネタなら大抵のことが分かって便利です」

日本の図書館を巡る状況では、あまりに利用者至上主義になっていて、

「ベストセラーを二十冊も三十冊も購入するのはいかがなものか。それへの反論は十分分かった上で、そういう構造を是とするのかということを言いたいんです。『そのくらい、てめえで買えよ』ということは、図書館の人は絶対に口に出来ないんですね」

出版不況、本離れが言われるが、本を信じてやってきたからには、「本の将来はあると思っている」。だれが本を殺したか?「読者が一番殺したんだ。しかし、それには複雑で、私は問いがあるのは良い本で、答えを求めるのは劣化した読者だと思うが、それを作ってきたのは編集者であり版元であり、再販制による返品でもある。全員と言えば全員なんです」

図書館の未来も、来館する人を単に利用者と見るのでなく、知識の供給者であるという側面に目を向けるべきだと言う。「それぞれの専門について講演してもらったり、地域を調べ、町の歴史を作ってもいいし、町には情報の集積場として潜在能力があるんです。単なる無料貸本屋ではチープな対応で、決して豊かではないと思いますね」

（さの　しんいち）

一九四七年東京生まれ。早稲田大学文学部卒業。出版社勤務を経てノンフィクション作家に。主な著書に『性の王国』『昭和虚人伝』『巨怪伝』『カリスマ』『大往生の島』『渋沢家三代』『東電OL殺人事件』『私の体験的ノンフィクション術』など。『旅する巨人』で第二八回大宅壮一ノンフィクション賞受賞。

第四章　子どもたちに豊かな読書環境を

―都立図書館の新しい児童青少年サービス

五月五日の子どもの日を前に都立図書館では、平成十四年五月一日、長い歴史を持つ日比谷図書館の児童室から多摩図書館へとその拠点を移し、「児童・青少年」へと対象を広げた、新たなサービスを開始した。子どもの読書離れが深刻化する中、子どもに読書の楽しさを味わってもらいたいと、読書環境を整備する様々な取り組みがなされている。その活発な今の動きを見てみた。

子どもたちの読書環境をめぐる動き

子供の読書を巡る動きは、以下に掲げるように近年とても活発だ。

【学校図書館法改正】学校図書館法が改正され、平成十四年度末までに一定規模以上の学校図書館に司書教諭が配置されることになった。

【ブックスタート事業】「子ども読書年」だった平成十二年に杉並区でブックスタート事業が始まり、十四年には都内五区市に広がっている。ブックスタートとは、生まれて初めて本に接する赤ちゃんを支援するため、保健所に定期健診に訪れるお母さんたちに図書館職員が数冊の絵本とおすすめ本のリストを手渡すとともに、赤ちゃんへの読み聞かせや親子のふれあいのコツなどを助言するものである。

【子どもの読書推進】平成十三年十二月には「子どもの読書活動の推進に関する法律」が施行された。これは、子どもの読書活動推進の基本理念、国や地方公共団体の責務、施策の総合的推進などについて定め、子どもの健やかな成長に資するための環境整備を目的としたものである。四月二三日を「子ども読書の日」と定め、国や、各自治体などで行事が行われている。

【国際子ども図書館】平成十四年五月五日のこどもの日に「国際子ども図書館」が全面オープンした。上野の国立国会図書館の分館だった歴史的な建物の一部に平成十二年に部分開館していたが、改修工事が完了し、三倍の広さになった。

【都立多摩図書館児童・青少年サービス】これらの動きは、子どもの読書離れや教育論議が活発な現代社会において、子どもの読書への関心の高まりを示しているといえる。このような状況の中で、都立図書館は学校教育との連携を重要な柱の一つとする新たな児童青少年サービスの考え方を打ち出すとともに、五月一日、児童サービスの拠点を千代田区の日比谷図書館から立川市の多摩図書館に移し、「児童・青少年サービス」を開始した。

九〇年の歴史の上に多摩で展開されるサービス

【児童サービスの歴史】都立図書館の児童サービスの歴史は長い。明治四一年に開館した日比谷図書館は、早くから児童室を設けサービスを行ってきた。関東大震災の時には、図書館の児童室が被災した子どもたちに開放され、心身ともに傷ついた子どもたちの慰めとなったという。第二次大戦の空襲による焼失、再建、建物の立替えなど、何度かの節目を越え、都立図書館の児童サービスは、直接間接に子ども達が本と出会う場を提供し続けてきた。

【詳細なデータの作成】都立図書館の児童サービスは、子どもと子どもの本に関する資料を幅広く収集・提供してきた。一冊の本をできるだけ多くの角度から検索できるように、資料内容に関する詳細なデータを作成し、研究者、編集者など、子どもの本に携わる人の調査研究に貢献してきた。一冊の図書が多角的な検索で利用できれば、一三万冊の蔵書がその何倍にも活用できる。都立図書館も参加する、国際子ども図書館で作成している国内主要図書館の総合目録でも、この詳細なデータが待ち望まれていた。

【雑誌情報の発信】図書のデータだけでなく、より新しい情報が求められている現在では、雑誌の情報も迅速に提供されなくてはならない。子どもの読書、図書館に関してどの雑誌にどんな記事が載っているかが分かる「雑誌記事索引」を作成してきたが、来館者が図書館の中で利用するしかなかった。これらの雑誌情報をさらに広く活用してもらおうと、ホームページでの提供も計画中だ。必要な記事が掲載されている雑誌を所蔵している図書館を探し、身近なところで利用することも可能になる。

【広域的な情報の収集提供】それぞれの自治体で個別に進められている児童や青少年サービスの情報を広域的に収集し、提供していくことも計画している。さまざまなメディアで、特記すべきサービスの事例が個別に取り上げられることはあるが、それらをまとめ、広く提供していくことで、個別のノウハウが共通のものとなり、各自治体の図書館が新たなサービスを展開していく上で、大きな力となるのではないか。

青少年や、乳幼児に対するサービスは、クローズアップされてきたとはいえ、手探りで開始しているところも少なくない。都立図書館が直接、すべての保健所や学校にサービスをすることは難しいが、広域的機能を発揮し、情報の収集、提供、発信の部分を担うことによって、区市町村立図書館や学校教育を支援したいと考えている。

【研修機能の強化】児童青少年サービスを行う図書館員は、子どもと子どもの本についてよく知っていること、そしてその両者を結びつける専門的な知識と技術を持っていることが必要だ。区市町村立図書館では、専門職員制度が確立されていないため、従来から初めて児童担当になった職員を対象に、児童図書館員としての基本的な事項と、児童図書館の核となるべき資料について「新任研修」を実施している。子どもは苦手とか、子どもの本は読んだことがないという人も、新任研修では、絵本や幼年文学や「おはなし会」に取り組み、研修の成果を職場に持ち帰っている。また、「中級研修」についても、今後はさらに内容を充実させる方向だ。

幼児や若者が本とつきあい、本の中に、自分の自由な時間と世界をつくりあげる力を持つことは、他の人にもそれぞれ世界があることを理解する道であり、相互に相手の世界を探り合うコミュニケーションを作り上げる。昨今の複雑な状況を一気に解きほぐす即効性はないが、長い時間の中で糧となり、よりよい社会を生み出すための力となっていくはずである。

コラボレーションの時代へ——学校教育との連携

学校は、子どもたちの基礎的な生活環境の一つである。学校と協力し、子どもの読書活動環境の整備を進めることは、今後の図書館サービスの重点の一つとなる。都立図書館では次のような学校支援サービスを実施または検討している。

【司書教諭研修】司書教諭に対する研修では、司書教諭が学校で十分に機能を発揮できるように、実務的な研修を行う。都の教職員研修センターと協力して昨年度からすでに開始している。

【都立高校との協力】都立高校は現在、改革推進計画によって、多様で個性的な学校作りを進めている。都立図書館からのどのような支援が必要か、また可能か、学校の実態によって様々であると考えられ、十四年度は、タイプの異なる高校いくつかに協力してもらい、モデル事業の準備を進めている。具体的には、総合的学習の課題研究を行うための文献調査方法の講習、都立図書館見学ツアーや体験活動、司書教諭をサポートするホームページの開設などを考えている。

【小中学校への支援】小中学校を支援する役割を担う区市町村立図書館や教育委員会へのサポートも必要となる。今後、総合学習の本格実施で、小中学校の学習で求められる資料は多様化するはずだ。定評ある都立図書館のレファレンス機能を生かし、資料の探索や文献・URLリストの作成、調査方法に関する教員の研修会への講師派遣などが考えられる。児童生徒や教員の見学も積極的に受け入れたい。

【文化事業への協力】社会教育や文化政策の分野での児童青少年事業への協力として、平成十四年四月二七日に開催された「子ども読書の日」に関する行事「広げよう読書の輪―読む、聞く、楽しむ本の会」で、都立図書館所蔵の二十世紀初頭に出版された子どもの本の歴史を作った図書や科学雑誌の付録の展示を行った。

平成十三年十一月の心の東京革命推進事業「親子ふれあいキャンペーン」では視覚障害者に対する朗読サービスの体験事業も行った。

今後さらに、都立図書館が役に立てる事業や施策を展開し、学校や社会教育施設、都の政策を通じて、子どもの読書の環境整備に貢献していく考えだ。

第五章　多様な機能を生かして新戦略のサービス展開へ

二一世紀、都立図書館は大きく変わろうとしている。ＩＴの急速な進展、区市町村立図書館の充実、行政改革の進行等社会経済環境の目まぐるしい変化を踏まえ、新たな役割が求められている。平成十四年一月二四日、東京都は「都立図書館あり方検討委員会報告」を発表し、今後の都立図書館改革の指針を示した。報告書は改革を三つの基本フレームで表している。それに基づき、平成十四年度から都立図書館は新戦略のサービスを展開することになる。今回は、これまで都立図書館が展開してきた様々なサービスを紹介しながら、新たなサービスを展望する。

地域の情報拠点化への支援（協力支援事業）

都立図書館の主要機能として、区市町村立図書館への協力事業がある。これまでの協力事業は、各図書館を対象に、図書の「協力貸出」が中心であった。これが変わる。

というのも、これまで公立図書館は、ともすれば本を貸し出すだけのものと見られがちだった。しかし二一世紀、住民が抱える問題の解決や、地域経済の活性化などにも貢献できる『地域の情報拠点』を目指すべきであると言われている。地方分権の時代、すべての図書館が一律同じ方向に向かうはずもないが、都立図書館の区市町村立図書館への協力支援事業もこの「地域の情報拠点化」を促す方向で展開しようとしている。

具体的には、共用のレファレンスデータベースの構築や、自治体間のネットワークを広げる横断検索システムの構築、区市町村立図書館職員の研修の充実などが考えられている。

都立図書館を広域的総合的情報拠点と位置づけ、それぞれの図書館の自助努力を基本として、これまでの協力貸出に重点を置いた支援の上に、時代の状況にあった、新しい協力支援関係を築こうとしている。

ザ・TOKYO（東京室）

中央図書館五階の東京室は、〝東京に関することはなんでも！〟をモットーに、都の発行する行政資料はもちろん、国、区市町村、民間等の発行する都内各地域に関する幅広い分野の資料を収集し提供している。

コレクションは、明治以降の資料であるが、なにせ首都東京に関するものだけに、単なる郷土資料という範疇をはるかに超えて、日本の歴史の資料としても興味深いものがここにはある。

さて、いま売り出し中の「行政支援サービス」をご存知だろうか。都庁各部局の業務に必要な資料情報を提供するものである。この東京室が窓口となり、都立図書館の情報サービス力をフルに生かし、都民サービスの向上にも役立てている。

また、「ザ・TOKYOメモリー」とも言うべき、資料のデジタル化とインターネットへの発信も計画している。「東京」というユニークな情報を携えて、グローバルな情報の共有化に参加していこうとしている。

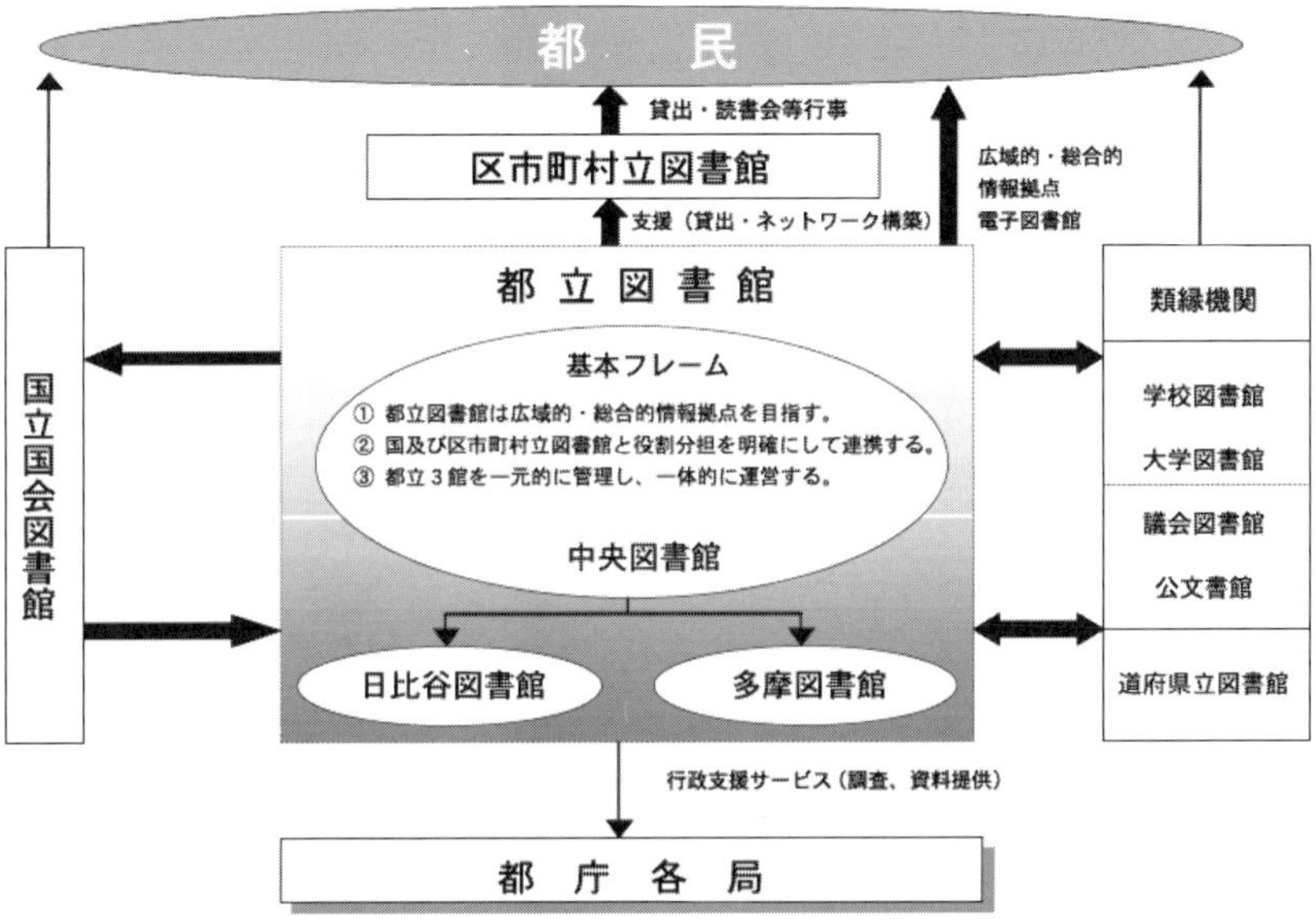

バリアフリーな図書館へ
（視覚障害者サービス）

図書館を利用しようとした時、もっとも困難を感じるのは、視覚に障害を持った人であることは容易におわかりいただけると思う。こうした方たちの、情報へのバリアを取り除くことは、公立図書館の大事な使命である。

そこで都立図書館では、朗読者に希望する資料を直接読んでもらう対面朗読サービスや、来館が困難な人のための録音図書や点字図書の製作サービスなどを展開している。とりわけ、豊富な資料を背景にした対面朗読は、「都立図書館では専門書が読める」ということで視覚障害者の間では定評となっている。

時代はアナログからデジタルへと流れつつある。録音図書の製作も、テープから「デイジー」と呼ばれる世界共通の音声情報システムに切り替わりつつある。デジタル録音された図書は、中身が劣化しない等の特徴がある。最大の利点は、見出し項目やページで容易に検索できることだ。この利点こそ、都立図書館が力を入れている専門書の利用に生かされるのである。だからこそ都立図書館では、全国の公共図書館の先頭を切って、このデジタル録音図書製作に積極的に取り組んでいる。

国内有数のアジア言語資料コレクション（中国語、韓国・朝鮮語図書）

都庁都民広場での「アジアの夢と躍動展」が開催され、大成功を収めたことは記憶に新しい。日韓共同開催のサッカー・ワールドカップも開催され、今、アジアが熱い。

そこで、中央図書館のアジア資料はと見ると、なかなかこれが充実している。中央図書館の外国語図書約十七万冊のうち、中国語図書は約四万九千冊、韓国・朝鮮語図書は一万二千冊。国内有数のコレクションといってよい。中国や台湾、韓国や北朝鮮（朝鮮民主主義人民共和国）出版の図書を、購入や寄贈、北京市首都図書館やソウル市立正讀図書館との資料交換などで収集したものである。近隣の大使館職員の利用も多い。

中国語の百科事典や、主題事典、総合年鑑、統計類などの最新版は、一階の書架にある。自由に手にとってデータを探せるので便利だ。利用が多い資料は、歴史、地理、叢書類、統計、年鑑、事典類。コピーをして、古典の復刻版を漢籍の代わりに使う利用者も少なくない。考古学や動植物学関係の図書、美術工芸書などは、写真や図版が豊富で中国語を解さなくても参考になる。韓国・朝鮮語図書は、書庫に入っているので、カウンターで請求する。所蔵や利用の傾向は中国語図書とほぼ同じだ。

江戸・東京のお宝（特別文庫）

特別コレクションと聞くと何やら敷居が高いが、じつはなかなか面白い。

三百年にわたる江戸から明治にかけての文化と歴史が二四万点の資料の中に凝縮されている。和本漢籍のほか、絵図、錦絵、建築図面、書簡など多彩である。たとえば、幕府の建築の大棟梁を務めた甲良家が伝えた江戸城の建築図面（重要文化財）。刃傷事件の松の廊下、白書院、黒書院、御鈴廊下の先にある広大な大奥など、将軍の暮らしぶりを俯瞰しているような錯覚を覚える。あの、伊能忠敬の「大日本沿海輿地全図」（小図）なども所蔵している。

こうした資料は、研究者や好事家だけに利用されているのではない。教科書への掲載や全国の博物館などにも貸し出されている。ドラマや歴史関係のテレビ番組にも使われており、昨年は約三〇件の番組の中で「資料提供　都立中央図書館」とのテロップが流れた。

ドラマといえば、この特別文庫室の資料の来し方そのものがドラマだ。空襲が日増しに激しくなった太平洋戦争末期、貴重な資料を灰にしてはならないと、一日を争いながら蔵書家を訪ねては買い取り、トラックや大八車に乗せて、当時の西多摩郡の農家の蔵に疎開させた。その先人の決断と行動力が現在のコレクションの礎となった。

さて、デジタルの時代である。貴重な資料を後世に伝えるとともに、多くの方に利用してもらえるよう、資料のデジタル化を進めている。手始めに、利用の多い錦絵のうち、歌舞伎役者を描いた役者絵約八千枚のデータベースを構築し、現在館内二ヶ所のパソコンで提供している。このデータベースは、画面上の文字だけではなく、上演年月、劇場、演目、役者名まで細かく考証した結果をもとに構築、芝居好きの人が楽しんで見ることから、かなり専門的な調査研究まで対応することができる。

将来は、この役者絵や江戸城の図面など鮮明でカラフルな画像が自宅のパソコンから楽しめるよう準備している。

池上彰

「都政新報」シリーズ図書館NOW④「図書館と私」より

「自分で本を書くようになったら、図書館は敵じゃないかと思うようになった」と笑わせながらまず、その原体験を。

「本の森に入っていくという感じでいいですよね。子どもの時は小遣いが限られているし、中学の夏休みには、練馬区立図書館で毎日三冊ずつ、早川ポケットミステリーを借りて読んでいた」

都立大泉高校に進むと今度は、その図書館にある岩波新書を読破する計画を立てる。「右の端から順番に読んでいったんですが、途中で本当につまらないものがあって挫折してしまいました」

NHKに入り、図書館へは時間的に難しいが、今は毎日四軒、決まった本屋に必ず立ち寄る。「毎日行けば、新しく入った本もすぐ分かり、短時間で済むんです」

読書量は半端でない。警視庁詰めの時は、帰宅する警察官を待つ間も勿体ないと、自動販売機の明かりで本を読んだ。「通勤の往復一時間位で新書の一冊は読めますから、疲れている時は寝てしまうので、わざと座らない。タクシーも本を読めないので乗らないですね」という徹底ぶりだ。

ありとあらゆる本を読むが、「日頃から興味関心を持って蓄積をしていると、これから何が起こるか見えてくるんです」

その蓄積がものを言い『週刊こどもニュース』は快進撃を放っているが「この番組をやるまで、記者としては、この位は分かるだろうと思い込んでいたのが、実は伝わっていなかった。いかに独りよがりの原稿を書いていたかを自戒として、どう説明したらいいかを考えているんです」

調べ学習が増え、何々について教え

てくれという質問も多い。「図書館があって、司書がいて相談に乗ってくれるので、そこで調べるのも自由研究の一環ですと返事をします。先生も何でもいいからやりなさいでなく、生徒と対話する中で、興味の方向や調べたいものに気付かせたり、自主性を尊重しながらのアドバイスが必要ですよね」

こどもニュースでも日々ニュースが飛び込み、難しいものも多い。「何が分からないかが分からないというんです。子どもがいきなり調べても難しいので、何が分からないかを分からせるのが大人の役割だと思う」

番組と同様のコンセプトで著した本もベストセラーに。「テレビの手法を使い、編集も雑誌の人間なんです。テレビも雑誌も〝つかみ〟が大切。心を掴まえないと読んでもらえない。印象的な写真から入ったり、引き付ける工夫をしました」

その伝で「図書館を編集し、新しい価値を生み出す時ではないか」と。

「ビビットな話題で特集コーナーを作るんです。アフガンなら、イスラム教やユダヤ教など宗教やテロ、格差も関わってくるし、目立つところに一緒に置く。同時多発テロでは書店は関係の本を集めなければならなかったが、図書館には揃っている。『同時多発テロを考えるコーナーを設置しています』と大きな看板を立てるんです。『デフレって何だろう』と財政の本を置けば、普段、借りられない本でも興味を持ってもらえます」

靖国神社問題なども偏向と考えず、あらゆる立場で考えてもらうため、資料を揃えるのが公共図書館の役割だと言う。

「尋ねられることは答えるが、さあ聞いて下さい、と打って出ることがなかった。それではいけないと思いますね」

気後れしないで行けるよう敷居を低くし、ベストセラーを揃えるのではなく、「基本はやはり、少部数で書店ではすぐ消えてしまう本や、高くて買えない本でも、図書館に行けば必ずあるという安心感、信頼感をつくることだと思います」。

（いけがみ　あきら）
一九五〇年長野県生まれ。七三年慶應義塾大学卒業。ＮＨＫ入局。松江、呉勤務から報道局社会部へ。警視庁・文部省担当などを経て、九四年から「週刊こどもニュース」キャスター。著書に『そうだったのか！現代史』『そうだったのか！日本現代史』など多数。

安部龍太郎

「都政新報」シリーズ図書館NOW⑤「図書館と私」より

図書館職員出身の歴史小説家という略歴が付くことを、「光栄なことです。図書館好きですし、現にお世話になっていますからね」と笑う。

大田区に入り、職場に図書館を希望したのも、作家になるという目的があったからだ。その目的に邁進するため、区を退職することを決意。九〇年に『血の日本史』でデビューを果たす。

昨年五月に、一年九カ月に及んだ「日本経済新聞」連載の『信長燃ゆ』を脱稿。「十二年間の集大成として良い仕事が出来たと思っています」と自らも語るように、朝廷と武家との相克をテーマに、『関ヶ原連判状』『神々に告ぐ』、そして『信長燃ゆ』の三部作を完成させた。

この間、伊豆にも仕事場を設けたが、妻子の住む大田区にいる時の書斎はもっぱら図書館だ。

「どうも生活のにおいがすると駄目なんです」と言うが、「歴史に材を取って小説を書いているので、基本資料が必要だが、個人では持てないし、第一場所ばっかり取って大変ですよね」

都立中央図書館にしかないものもあるが、大田図書館でも、区立には珍しく、歴史関係の文献が揃っているという。

「人間の発想には限界があって、いくら想像力を働かせても、例えば合戦の時にどんなことが起こるのか分からない。関ヶ原の戦いで、槍一本持たされて一番前で突撃しろと言われて、どういう気持ちになるんだろう。そういうのも江戸初期の『雑兵物語』を読むと、リアリティーが出てくるんです」

ところで、歴史学者の網野善彦氏ら

を中心に近年、急速に日本の歴史学への見直しが進んでいる。

「日本が単一民族というのも覆されてきたが、小説の世界だけが旧来通りの歴史の見方を下敷きに、歴史小説を書いている。新しい歴史を背景とした歴史物語を今後十二年位かけて書いていきたいと思っているんです」

今、「小説新潮」に連載中の『天馬の如く』は源義経に想をとった。「義経の頃は、いくつもの国家がひしめき合い、バルカン半島みたいな状態だったと思うんです。鎌倉幕府の創建で一つに単一化されていくが、その過程で全く違った物語が見えてくるんです」

この一月には仕事場を京都に確保した。「京の都は一千年近く続き、遺跡を見るだけでも刺激されるものが多い。関東と関西ではものの感じ方も違うし、この際、京都のことを勉強しないと、大きな部分を見落とす恐れがあると思ったんです」

歴史小説も、なかなか裾野を広げられないでいるのだと。「歴史を学ばないで社会人になっている。学校の歴史も面白くなかったと歴史アレルギーの若い人は多い。日本の歴史は、自分たちが今直面している問題に対しての実例集でもあるんです。それを感じてもらえるものが書けるように、ますます調べなくてはいけませんね」

二十年前位は一番図書館にとって良い時代だったと言うが、「経済状態が悪いからと、予算を削るのは時代に逆行している。小中学生の読書能力がものすごく落ちているからと学校図書館を充実する方向に施策を取り始めたが、社会人で途切れてしまう。継続した環境づくりが必要です」

さらに、図書館には都民が楽しんで利用する目的もあるが、少人数でもその本を必要とする人もいる。「そこに行けば必ず目指す本があるという所をビジョンを持って造ってもらいたい」

今後十二年、さらに次の十二年をかけて、「これまでの権力側が書いた歴史からはこぼれ落ちているものは山ほどある。人間史観の立場で等身大の人間が歩いた歴史を大事に書いていきたい」と語った。

（あべ　りゅうたろう）
一九五五年、福岡県生まれ。国立久留米高等専門学校卒業。大田区に入り、図書館勤務を経て、八五年退職。八九年から一年間、週刊新潮に『日本史血の年表』を連載（『血の日本史』）。『彷徨える帝』（新潮社）、『風の如く水の如く』（集英社）、『密室大阪城』（講談社）、『バサラ将軍』（文春文庫）など。

石原良純

「都政新報」シリーズ図書館NOW⑦「図書館と私」より

「僕たちが学生の頃は、都立中央を広尾図書館と言ってました。日吉からは、電車で一本で行けたので、期末試験の時など、そこで勉強するのがおしゃれだった。聖心の女の子も使っていたし（笑）。でも、僕はチャラチャラ遊んでいる余裕はなかったな。普段、勉強しなかったので、試験の時は大変だったんです。家の近くの田園調布図書館にもよく行っていました。試験勉強ばかりは人が変わったようになって、机の上を掃除するところから始めて、時間割りを作り、地味に一人で勉強してましたね」

気象予報士の試験は難関と聞く。だが、勉強が楽しかったという。

「学生の頃は勉強しなかったけれど、気象予報士の勉強は生まれて初めて楽しいと思った。気象学は、本の頁をめくれば、雨、風、台風、いつか見た景色の謎が次から次へと解けていくのです。このときほど、勉強が楽しかったことはないですね。大学の教養課程ぐらいの難しさの気象学の教科書には、微分、積分の記号を伴った数式や初めて耳にする専門用語が次々に登場するのね。学生時代ならテスト前に一夜漬けの勉強で済ませてしまうところですが、自分から望んだ学問はおもしろくて、黙々と本を読み進みました。自分の好奇心を満足させる学問に出会えた僕は幸せだな、と思います」

『FNNスーパーニュース』でウェザーキャスターを務めているが、天気予報が身近に感じられると好評だ。

「僕は、空とか、雲とか子供の頃から好きで、そんなことから気象予報士になったのね。だから、空の楽しさを伝えることをモットーにしているんです。気象予報は正確に、わかりやすく伝えなくてはいけない。予報のほかに、『春一番』とか、『今年の花粉情報』とか、『桜前線』といったテレビを観てくださる方が、日常生活の中で興味がもてる話題を選んでいるのね。そして、その話題を身近な情報として伝えることによって自然を身近に感じてほしい。僕のテーマは〝一日に一度、空を見上げよう〟なんです」

気象学の勉強を始めてから、地球環境についても考えさせられることが多いそうだ。

「気象学の勉強を始めたときにまず驚いたのは、気象学入門書の第一章のタイトルが『太陽系の中の地球』。気象というと、今日は晴れとか、明日は

雨、といった学問だと思っていたのね。ところが気象学は、『太陽は巨大なガス球である』というところから始まるのです。太陽があって、地球がある。その地球にはたまたま大気と水がある。その水の〇・〇〇一％は水蒸気として空気中にあります。その水蒸気がときとして雲をつくり、雨となって地上に落ちてくる。太陽、地球、空気、水。あって当たり前のものを、もう一度じっくり見直す機会となりましたね」

　特に今年は地球温暖化がテーマになっているそうだ。

「エネルギーの大量消費による豊かな生活スタイルに慣れてしまっている僕たちが、石油や石炭などの化石燃料を使うことで二酸化炭素を排出し過ぎているため温暖化は起こります。僕たちは、便利さをとるか、地球の大切さをとるか、今、みなで考えなければならない時を迎えているのね。毎日の生活の中で、小さなことから始めようよ。例えば、過剰包装はやめるとか、無駄な電気は切るとか？　今年は桜が早かったネ、と笑っていないで、日本がリーダーシップをとって、地球を守ろうよ」

　都立中央図書館の近くに事務所があるので、調べ物や執筆に利用することが多い。

「うちは物書きの家なので、書庫もあったし本が並んでいる中にいるのに違和感がなく落ち着くんだ。これからも、緑の有栖川公園を散歩しつつ、図書館に通います」

（いしはら　よしずみ）
一九六二年、神奈川県生まれ。慶應義塾大学経済学部卒業。俳優として活躍しながら、一九九六年に「気象予報士」取得。著書に、『あそびに行こうよコール』（新潮社、九二年）『石原家の人びと』（新潮社、〇一年）『石原良純の「こんなに楽しい気象予報士」』（小学館文庫、〇一年）など。

第三部　私が描く二〇一〇年の都立図書館

変化の激しい時代、しかも夢を描くことも難しい時代、七年後私たちの図書館はどうなっているだろう。いや、どうしたいのか、それが大事だ。未来の姿を想像し、そこに向かって進んでいこう。都立図書館の若手・中堅職員の自主的な研修団体「図書館政策勉強会」のメンバーがそんな思いを綴ってみました。

誕生！首都圏図書館

金山　智子

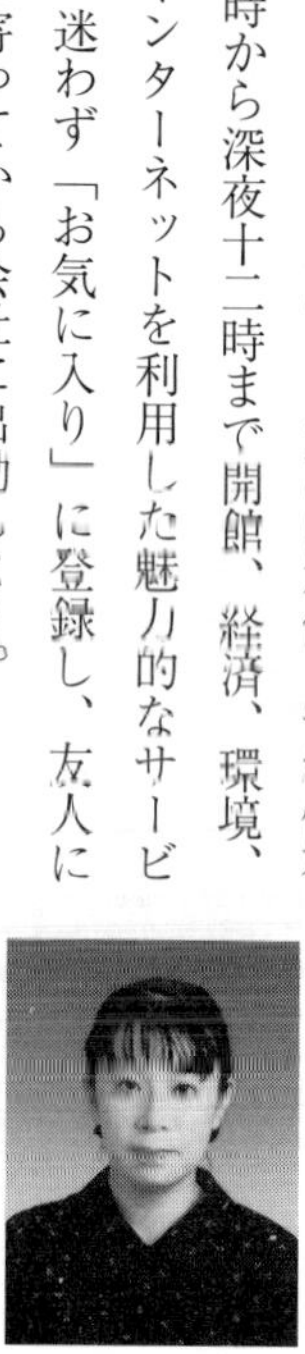

二〇一〇年〇月△日。パソコンに送られてきた電子新聞に「本日首都圏図書館誕生！」の見出しを発見。早速リンクされているホームページにアクセスしてみる。丸の内本館と青梅保存庫、千葉、埼玉、神奈川の三つの分館。本館は朝七時から深夜十二時まで開館、経済、環境、歴史等様々な専門主題に精通したボランティア、インターネットを利用した魅力的なサービスメニューの数々、同じビルには大型書店も同居。迷わず「お気に入り」に登録し、友人にもメールで知らせる。明日は早起きして、図書館に寄ってから会社に出勤しよう。

＊＊＊

十時からの開館記念式典を前に入口に並ぶ長蛇の列を見つめるスタッフ。思い出すのは八年前。当時の都県立図書館は転換期を迎えていた。平成十四年一月、都立図書館あり方検討委員会は「今後の都立図書館のあり方―社会経済の変化に対応した新たな都民サービスの向上を目指して」を発表。埼玉県と千葉県では新県立図書館が検討されていた。そこでの共通点は、市区町村立図書館では提供が難しい「高度・専門的な情報サービス」や「都県内図書館の相互協力ネットワーク」であった。

しかし、日本経済が低迷する中、右肩上がりだった資料費も激減。都県立図書館に求められる専門資料だけでなく、雑誌、新聞といった定期刊行物の一部までも購入できなくなった。その影響もありレファレンスサービスの質が低下。目指すべき姿から後退するばかりで、住民や市区町村立図書館の信頼も失われていった。

一方では市町村合併で大型市が続々と誕生。市立の新中央図書館では資料の貸出しだけでなく、展示会、講演会・講座の開催などの行事やレファレンスサービスも充実、連日大盛況である。

このままではいけない。真に必要な都県立図書館とは？危機感を持った図書館職員を中心に、都県を超えた勉強会が発足した。そのうち大学関係者、学校関係者、ＮＰＯ、住民等も加わり議論も熱気を帯びてきた。「市区町村立図書館

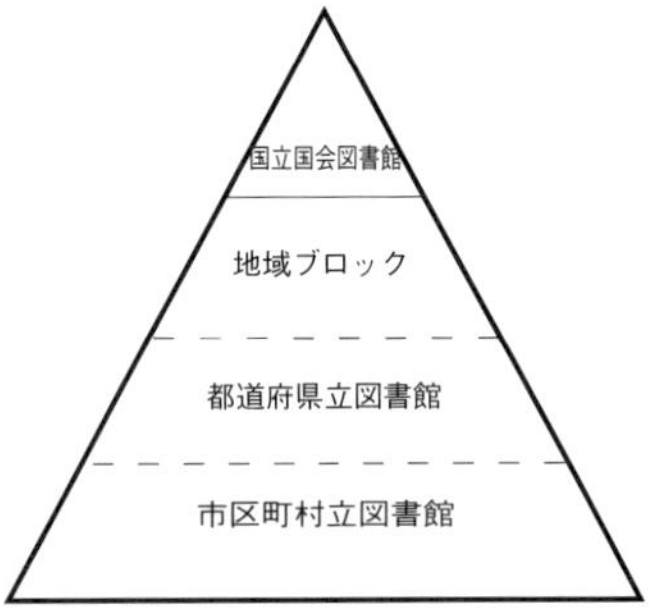

図1

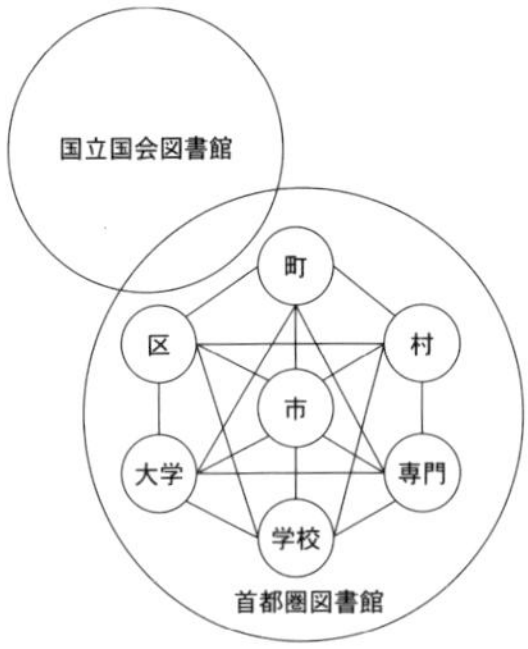

図2

にない本は都道府県立図書館、そこになければ関東地方などの地域ブロックの公共図書館、最後の拠り所は国立国会図書館といったピラミッド型（図1参照）のネットワークによる資料提供で利用者は本当に満足しているのか？」、「都道府県立図書館と市区町村立図書館が重複したサービスを行っているのは効率的でない。」、「人、モノ、情報が集積する首都圏にふさわしい図書館が必要だ。」、「各県の図書館は首都圏図書館の分館として地域情報センターに。」、「公共図書館だけでなく博物館、美術館などの専門図書館、大学図書館、学校図書館との相互協力ネットワークが必要だ。」、「保存庫の運営はＮＰＯを活用すべきだ。」ついには「首都圏で出版された資料は首都圏図書館に納本されるべきだ。」といった意見まで飛び出した。

首都圏図書館の実現に時間がかからなかったのは、既に自動車公害対策といった首都圏の広域的課題の解決に向けて、七都県市（埼玉県・千葉県・東京都・神奈川県・横浜市・川崎市・千葉市）による取組み実績があったからだ。

こうして誕生した首都圏図書館と新たな図書館相互協力ネットワーク（図2参照）。首都圏の広域的図書館サービスを担うだけでなく、①ビジネス支援、②産学連携の研究支援、③首都圏からの情報発信、④行政のシンクタンク機能、といったことも期待されている。この新しいタイプの図書館が首都圏の活性化に寄与するのは間違いない。

音楽が変わった。さあ、いよいよ開館。そして私たちの出番だ。

（かなやま　ともこ）司書歴十二年　株式会社博報堂ＣＣ局情報デザイン一部（派遣）

前進のための自己評価

白石　英理子

都立図書館が晴れて二〇一〇年を迎えるには、社会や時代のニーズに適合した情報サービスを展開することは当然だが、それ以上に重要なのが、図書館が健全な形で前進していくための羅針盤となる自己評価である。

図書館の自己評価とは、業務統計やアンケート調査等によって得られるデータを元に、図書館自らが己の目標や使命に照らして、個々の業務、サービスなどに価値判断を下すことである。都立図書館では従来から業務統計やアンケート調査が行われているが、それが既存の図書館の運営方針やサービス目標の検討・修正および次の目標設定等に資する目的で設計されていない。従って有効に作用していないのが実情である。

一方、自治体レベルでは行政評価の必要性が盛んに言われている。都立図書館も平成十三年度に東京都の行政評価の対象となり「抜本的見直し」という評価を受けた。しかし例えば事業規模の推移を示す指標としてレファレンス件数、書庫出納冊数、貸出冊数（対図書館・対個人）、入館者数しか取り上げられていないなど、都立図書館のサービスの全体像とは乖離があるように思われる。

しかし、その溝を埋めるための材料を持っているかと自問すると、残念ながら答えは否である。これこそが、自己評価が必要な理由である。

自己評価の目的は、第一にＰＤＣＡサイクル（政策立案(Plan)―事業執行(Do)―検証・評価(Check)―見直し(Action)）を機能させ、図書館サービスの向上を図ることである。第二は、図書館の説明責任を果たすことである。図書館のサービスはこれだけ社会に貢献しているということをデータで示し、住民に対しても行政の組織に対しても図書館の存在意義をきちんと説明できなければならない。

行政評価において、事業の効率性、効果性が重視されることはやむを得ない。その結果、時には事業廃止、民間委託などにつながっていくプロセスを辿ることもある。行政サービスの一つである図書館事業についても例外ではない。

図書館は、社会における「知のインフラストラクチャー」であり、その整備は公共が担うべきだと私は考えるが、なぜそうなのか、都立図書館の事業を、都民の税金で行う必要性について、また、どのような水準まで実施すべきなのか等について、納税者に対しきちんと説明できなければならない。自己評価は我田引水と言われないために、図書館外の人を納得させる基準で行うことが必要である。「図書館パフォーマンス指標」（ISO11620/JISX0812）や「顧客（利用者）満足度」を用いた品質評価など、客観性のある手法を用いるべきである。

自己評価の実践は、従来の業務統計データでは対応できないものが多い。評価のための調査を日常業務の傍らで行うのは大きな負担にもなる。図書館だけで行うことにこだわらず、例えばモニター制度の導入、アンケート調査の調査員をお願いする図書館サポーターのようなグループ作り、あるいは図書館情報学課程を持つ大学などとの連携といった外部の力との協力によって進めていくのが望ましいだろう。

使命への確信の下、自分たちの行っている事業を不断に見直し、次のステップを探る。大変な作業ではあるが、それなくして図書館の発展はありえない。

（しらいし　えりこ）　司書歴二三年　都立中央図書館サービス部資料管理課整理係

ミッションを実現するための人材を考える

古屋　和代

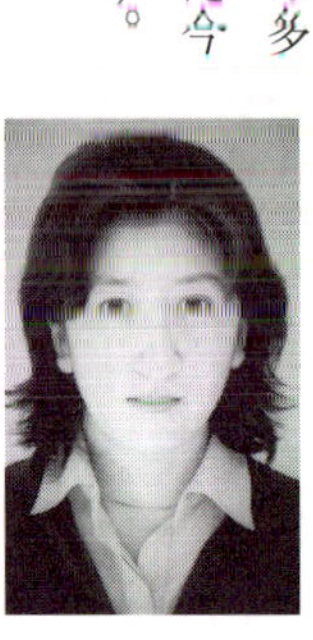

　これから図書館がどういったミッションを手がけていくにしろ、どういったスタッフ体制をつくっていくか、は重要な問題である。今後十年足らずのうちに、ベテラン職員の多くが定年退職をむかえ、都立図書館のスタッフ構成が大きく変わることを目前に控えた今日、新たなスタッフ体制のあり方を議論し、提起していくいい機会であるともいえよう。

　ここではそのひとつとして人材交流の可能性を考えていきたい。

　いま、公立図書館に求められている変革のひとつに、貸出し重視からレファレンス重視したサービスへのシフトチェンジがある。そのためには何よりもレファレンスに強いスタッフ体制を作る必要がある。

　豊田恭子氏は今後のライブラリアンについて、情報源に関する知識を持った人材だけでなく、主題やデータベースに強い人材を雇用することで、職場に様々な人が存在し、互いに補う効果が見込まれる、と述べている[注1]。実際、ビジネス支援に本格的に取り組もうとしても、データベース検索や科学技術資料など専門性があまりにも高い分野に既存の司書が即座に対応することは難しいのが現状である。そこで外部の専門図書館経験者を雇用したり、従来の司書が外部に研修に行けるような人材交流を積極的に行なうことで、豊田氏が言うように互いに補いながら新たなサービスを効果的に実施していくことが期待できる。さらに区市町村立図書館からの派遣研修も受けれていくことで、多くの館の職員が外部との人材交流のメリットを受けることができるであろう。都立図書館の役割が問われる今、そうした区市町村立図書館員の人材育成を都立図書館機能の今よりもさらに大きな柱に据えていくことを検討していってもいいのではないだろうか。

　また、マネジメント面では、折衝能力をもった人材育成や、広報重視の必要性を外部からも指摘され、現場職員も痛感している。広報に関して言えば、都立図書館では平成十三年の都庁における都立図書館展を筆頭に、都の他部所とのタイアップによるPR活動がさかんにおこなわれ、ホームページによる情報発信の比重も高まる一方である。だが、現在それらは資料収集やレファレンス業務を持った職員がその傍らでこなしている。負担感も大きく、成果も手作りの感が否めない。(手作りのそれはそれで良さもあるだろうが)

本気で広報活動に取り組む方針であれば、外部から広報にたけた人材を求めるなり、司書を民間や都の他部所広報部門に派遣して広報スキルを習得させるなどの内部の人材育成も行なう。そうした人材でプロ・セミプロの専門スタッフ体制を敷くほうが、品質やセンスもレベルアップし、効率よく広報活動をしていけると思われる。図書館での人材交流、というとレファレンス面が先に考えられがちであるが、今後はレファレンスとマネジメントを両輪としたスタッフ体制を目指した人材交流をしていくべきである。様々な立場や経験が異なるスタッフが混ざり合えば、中の職員が刺激を受けたり、職場の風通しがよくなるといった長所が期待される一方、係長や課長にはそれらのスタッフを活用する能力が今まで以上に求められることになる。

安易な民間委託による様々な悪影響が、いまこの時期にも指摘されている。ただ、それに異を唱えるだけではなく、図書館現場の主導で実りある民間や外部の力の活用を提起し、実践していくことがこれからの図書館運営におけるあるべき姿勢だと考える。

(注)
豊田恭子著「インターネット時代のライブラリアンの役割」(『インターネット時代の公共図書館二〇〇一』高度映像情報センター　二〇〇一所収)

(ふるや　かずよ)司書歴四年　都立中央図書館サービス部情報サービス課自然科学係

図書館に行くと発見がある！

小山 響子

1 都立図書館は都民の情報の入り口

大量の情報の中で、適切に情報にアクセスし、有効に使うことができるよう、図書館は都民のための情報への入り口でありたい。そのとき必要なのは、情報を探したり、調査をしたりすることは特別なことではなく、日常生活の中で気軽に、当たり前に行うことであるということを都民にわかってもらわなければならない。

まず、利用者が自分自身で調査ができる仕組みを作りたい。図書館利用の主役は、利用者自身である。資料を扱うことに慣れている人々だけが、専門的な資料を求めているわけではない。都立中央図書館のような大きな図書館に来て、不要な気後れを感じる人は多いのではないか。最初から、気軽に相談デスクに声がかけられる人ばかりではないだろう。まず、都立図書館の利用の仕方がわかる利用ガイダンスが必要だ。図書館入り口にわかりやすい利用案内を設置する。ボランティアの協力を得て、案内係をおくことができれば理想的だ。次に、定期的に図書館ガイドツアーを実施し、目的別の利用案内を作成したい。あまり、図書館の職員に声をかけられたくない人も多いはずだ。さらには、多くのパスファインダーの作成やテーマによる資料調査講座を行い、調べもののノウハウを気軽に学べる機会を提供したい。

2 情報の蓄積をもっと利用してもらう

都立図書館は長い歴史の蓄積で、厖大な資料をもっている。それらの資料を都民が十分に活用する仕組みを作りたい。都立図書館では、日本十進分類法によって固定的な資料の配置を行っている。しかし、資料は生きている。社会の動きにあわせて、いわば資料群の編集を行うことによって、資料に新たな価値が生まれる。テーマによる資料群のコーナーを設け、常設の書架とはちがった切り口で資料を展示する。特定の人物や地域に関する資料、時事的なテーマに関する資料などを分類や資料の形態によらず、併せて展示する。テーマによっては、普段は書庫に入っている資料も一緒に並べる。普段書庫に収蔵されている資料はデータベースを介しては探索されるわけだが、実際に資料を目にすること、新しい資料と古い資料が並ぶことで新たな資料と都民の出会いを生むだろう。

さらに、図書館に足を運ぶ気持ちになってもらうため、ホームページやその他の広報媒体で、展示資料のブックリストやコンセプト、都立図書館所蔵資料の魅力や有用性について発信していきたい。

「都立図書館に行くと何か新しい発見がある。」こんなふうに利用者に感じてもらえる図書館になりたい。

3 利用者の拡大

これまで、都立図書館の積極的な利用者でなかった人々に利用してもらいたい。まず、高校生である。彼らは、いわゆる勉強や夏休みの課題を行うためにこれまでも来館はしている。しかし、十分に資料を使いこなすところまではいっていないようだ。資料の調べ方やレポートの書き方の講座を開催したり、高校へ出前講座を行いたい。次に、社会人層で職業生活のスキルアップを図る人々である。製造業の人々に最新技術の論文を提供したり、大学や研究機関との橋渡しをしたい。流通業の人々には、シンクタンクの発表する動向調査をいち早く届けたい。さらに、個人の職能を高めたい人のために、行政が行う事業の案内やビジネス書の著者等による講座も企画したい。これらの人々は、まず、ホームページやメールマガジンでのサービスから始めて、図書館の力を感じてもらい、来館を伴う利用者になってほしい。さらには、障害を持つ人々が情報弱者にならないよう、これまでの障害者サービスを越えて、積極的に情報提供を行うサービスを検討したい。

二〇一〇年の都立図書館では、ここにご披露したアイデアが、さらにこれを超える新たなサービスが当たり前に行われているようでありたい。

（こやま　きょうこ）司書歴二三年　都立中央図書館管理部企画経営課企画経営係

都立図書館の協力支援とは何か

増田加奈子

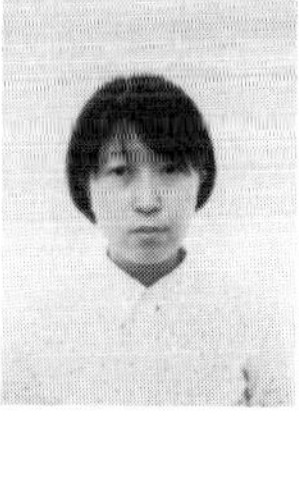

今年度、私はある市立図書館で交換研修生として一年間を過ごした。研修といっても児童サービスの担当として他の職員と同じように働いた。研修課題のひとつは、〝都立図書館が市区町村立図書館にできる支援とは何か、区市町村立図書館が都立図書館に求めているものは何か〟を経験のなかで見つけることだったが、正直言って資料の貸出以外に都立図書館が入り込む余地はないように感じた。（もちろん貸出は基本ではあるが。）当然のことなのだろうか、現在でも市立図書館は昭和四〇年代にできた『市民の図書館』のままであった。まさに糸賀先生がおっしゃるように、貸出・児童サービス・全域サービスが重点目標である。そうした図書館なら都立図書館は貸出だけしていればいいのである。

現在、都立図書館が区市町村への支援として行っているのは、主として①資料の協力貸出②担当者会開催等の連絡調整③レファレンス等の研修の三つである。しかし、②③については、十分に活用できていないように感じた。活用するための余裕がない、体制がないというべきか。たとえばレファレンス研修に自治体から一人参加しても図書館に戻って研修の成果を生かすことは残念ながら難しい。というのはレファレンスを行う体制が時間的にも人員配置にしても整っていないからである。

都立図書館が区市町村立図書館を通じて都民に行えるサービスは何か。

今のままでは利用者が求める資料をただ貸出する「無料貸本屋」になってしまう。自治体によっては、貸出業務を全面委託したりＰＦＩ方式の運営を検討している。「無料資本屋」ならその流れは止められない。糸賀先生がおっしゃるように、都立図書館は都内区市町村立図書館の『コーディネート役』をかってでて、もっと積極的に区市町村立図書館に入り込まなければならないのではないか。もう一歩踏み込んで広域自治体として指導的な立場になるということは不可能であろうか。

たとえば「人」の問題である。都内で司書採用を行っている区市町村は現在ほぼないが、採用がない中でも有資格者を増やすよう都立図書館が働きかけを行うことはできないものか。ひとつの自治体での司書の採用が難しいのならいくつかの自治体で共同して採用しその中で異動を行うとか（利用の方は広域化が進んでいる。）、あるいは都が一括して採用を含めた人事を管理していくなど、地方分権の流れとは逆行する発想かもしれないが、そこまで考えなければ市立図書館は変わらない。資格さえあればよい訳ではもちろんないが、有資格者が少ない図書館というのは、たとえば書架整理さえも引き継ぐことが難しいということを実感したからだ。

それから、意外だったのが、近隣の図書館とでさえほとんど交流がないことである。数年で異動があり交流する機会がなければ当然のことかもしれない。昨年から多摩地域の図書館員有志が中心になってデポジット・ライブラリーについて検討しているが、研修先では身近な課題にはなっていなかった。都立図書館がコーディネート役として、図書館見学会等他の図書館を知り交流する機会を増やすこと、またデポジット・ライブラリーについてもどういう形かは課題だが支援していくことが必要だろう。

「あり方検討委員会報告」でももちろん協力事業は最も重要な項目のひとつであるが、都立図書館の側がいくら支援をしようとしても受け止める基盤がなければ一方通行に終わる。区市町村立が『市民の図書館』のままでいくのかどうか見守るだけでいいのか、何か行動を起こせるのか、今回のような人事交流を続けて区市町村の現状を知っていくなかで見つけていくしか方法はないのかもしれない。

（注）都立と区市町村立図書館間で行う司書交換派遣研修は平成十三年度より実施。平成十三年度は一人、十四年度は三人が相互に交換研修を行った。

（ますだ　かなこ）　司書歴十年　府中市立図書館（派遣研修）

社会に必要とされる図書館へ

川田　淳子

現在社会において、図書館の認知度はどの程度であろうか。公立図書館の設立母体（区市町村立、都立、国立等）の違いはおろか、それぞれの機能・役割などは、一般の人々に理解されているとは言い難い。図書館といえば、「学生が勉強する施設」あるいは「母親が子どもを連れて情操教育に利用する施設」と思われているようだ。経済社会においては、利潤はもちろんのこと、成果を生み出す事業でなければその重要性は理解されないものだ。その点において、今までの公立図書館がどれだけのインパクトをもって社会に主張してきたかというと、不足感は免れない。一部の市民のみが知識を消費する場、としてしか見られていなかったというのが現実ではないだろうか。

【付加価値の提供】

こういった現状を打破するために図書館が今後できることは、まず、第一に「付加価値」の提供であろう。情報を収集する術が溢れている状況の中で、図書館ならではの付加価値をプラスして発信し、社会に提供することによって、経済社会の中で認知度を高める必要がある。具体的には、インターネットでの情報提供（もちろん解題や利用法などを付加して）、社会人向けのセミナー実施などを行い、「役に立つ図書館」を強調して社会に主張していくことが大切である。

また同時に、公立図書館が行える情報提供の限界を知っておくことも必要である。専門情報機関でしか手に入らない灰色文献などは、公立図書館での収集は困難である。公立図書館が心掛けるべきことは、そういった専門情報がどこにあるかという点の把握であろう。その上で、それら専門情報機関との連携によって、情報の需要と供給をスムーズに進展させることが、社会からの理解を高めることになる。これはいわゆるレフェラルサービスであるが、それを更に発展させ、館種を越えた協同レファレンスまで実施することができればなおよい。そうしてワンストップの専門情報提供サービスができれば、公立図書館の社会への認知度は高まり、図書館は役立つものとして理解されるようになるだろう。

【スピードとコスト】

一方、現在の経済社会が情報提供に対して要求するものは、スピードとコストである。図書館も当然この二点を求められるものと考える。スピードに関して言えば、情報提供の早さが社会のスピードに負けてしまえば、図書館が生き残るのは困難になる。迅速なレファレンス、上質な情報提供が基本となるであろう。コスト面でいえば、図書館には無料の原則が前提として存在する。しかし提供する情報によって（すべての情報ではない）は受益者負担という形で有料になるのも、現在の社会情勢ではやむなし、ではなかろうか。情報にはコストがかかる、という意識が日本社会には薄い。著作権者の権利に対する認識が低いこと、コピーは一〇円でできるものだという常識。これらが必ずしも正しいとは思えない。そもそも、本当に必要かつ有用な情報であれば、ある程度のコストがかかっても入手するものであろう。情報料について、社会にも意識改革を求めるべきである。もちろん図書館における情報提供料はできる限り低廉にすることが望ましい。

【意識改革】

最後に、図書館自身の意識改革の必要性について述べる。現代社会に理解され、有効活用される図書館であるためには、迅速に社会の要求に応えられるよう、アンテナを張る必要がある。サービスのあり方、役割のあり方についても固定概念にとらわれて図書館自身を縛りつけないようにすべきだろう。社会に理解され、必要とされることは、図書館の経済基盤を支えることにもなる。必要なものであれば、それを失わせるようなことは社会が許さない。図書館の予算、寄付の獲得、運営の拡大にも繋がっていくものと思われる。

（かわだ　じゅんこ）司書歴十五年　都立中央図書館サービス部情報サービス課新聞雑誌サービス係

住民に支えられる都立図書館を目指して

栗村　公子

回復の見通しの立たない不況の中で企業はよりサービスを特化し、得意分野での生き残りを図っている。何をサービスするのか内外にはっきりと明示し、具体的目標に向かって努力している。では、行政の文化的事業予算が激減する今、図書館の目指すべきは何であろうか。それは住民の利用満足度を高めることである。様々な行政サービスの中で、住民に対し直接サービスをしている図書館は、その満足度を高めることで、住民の信頼を得、住民から支えられる図書館でなければならない。それが図書館が生き残るための拠り所となるのだ。だが現在、図書館は自分の生活（社会的、プライベート）に、必ず必要なもの、何か調べたいとき、困ったときなどに頼りになるところ、とは思われていない。都立図書館は個人貸出を行っていない、同じ公立図書館といっても区立と都立では、所蔵資料が大きく異なる（収集対象資料が異なる）、さらにレファレンスとは何かなど、図書館の機能、サービスを理解している人は少数だ。「図書館」は誰にでも「身近な施設」であるが、実はその機能はあまり知られていない。このような状態では住民から支えられる図書館にはなれないであろう。

1　認知度を高める

都立図書館に最も必要なのは都立図書館のPRをすることである。国立国会図書館に次ぐ国内二位の蔵書量、専門職員の行うレファレンスなど都立図書館のサービスは、実績もあり利用者にも評価されている。ただ、認知度が低いのだ。売り込めるところを積極的、効果的にPRすること。いかに注目を集めるかを考えて広報し、住民に対し認知度を高める。区立と違い、都立は日常的に必要な施設ではないかもしれない。でも誰もが都立の存在を知り、何か疑問に思った事、調べたい事ができた時、都立に行ってみよう、聞いてみようと思って欲しい。そうなって初めて図書館が必要とされる施設になったといえるのではないか。その上で、より求められるサービスを提案、実行していくべきである。まずは図書館サービスの基盤を固めるべきだ。

2 ニーズに対応できる能力

図書館のＰＲをするにあたって、組織的に取り組むべき二点をあげたい。

第一に、住民のニーズを把握すること。新たな産業分野の増加、外国人の流入、社会の階層化などが進み、住民が資料、情報に求めるものは多種多様である。住民の要求を知り、図書館がどう応えていくのかを模索していかねばならない。もし都立図書館だけでは要求を満たせないのであれば、国立国会図書館、区立、大学、類縁機関などの各図書館と連携し、それぞれの蔵書の特色を生かしたサービスを行っていくべきである。

第二に職員の能力向上である。社会のスピード化に応じて住民の要求も変化してきた。求められる情報はより断片的になったといわれている。これに対し図書館員は、複雑化した事象を体系的に把握し、情報の位置づけを理解して、質問に答えていくことが求められるのではないだろうか。常に情報に対しアンテナを張り巡らし、時代についていくとともに現在に至るまでの過程についても知識を入れていかなくてはならない。そうしたことで様々な視点からの資料を提供することが可能になる。また、知識だけではなく、情報検索の技術力を高める事も必要だ。インターネットが一般化し、データベースも充実していく中で適切な情報をすばやく取り出さなくてはならないし、また語学も必要になるだろう。

私は都立図書館で働いていることを誇りに思う。だが数年前からの高度情報化、グローバル化に加え、この大不況に都立図書館は行き先を見失っている気がする。こんな時こそ職員が一つの目標に向かって結束しなければならないが、それには求心力のあるリーダーが必要だ。現実的判断力と行動力のあるリーダーのもと、職員が一団となって図書館の発展に努めている、二〇一〇年の都立図書館がそうあるように、私も微力を尽くしていきたい。

（くりむら　きみこ）司書歴十年　都立中央図書館サービス部情報サービス課社会科学係

情報サービスの変革に向けて

重野　明子

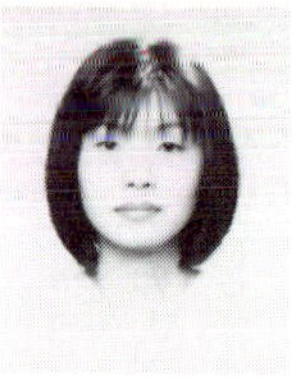

1　情報環境の変化

情報技術の急激な発展によって、図書館を取り巻く情報環境は大きく変化している。情報源は従来の印刷資料だけではなく、電子資料及びインターネット上のものとなり、特にＷｅｂ情報は量が拡大し、質的にも高度なものが増えている。利用者においては通信速度の高速化、市場の低価格化により、ネットワークコンピュータで自ら情報を検索・収集し、それを社会生活、仕事に利用するということが日常的に行われるようになった。

2　変貌する都立図書館のレファレンス

これに伴い都立図書館のレファレンスもその内容は大きく変わってきている。書誌情報のＷｅｂ上での公開により、資料の所蔵・所在調査は減り、利用者からのレファレンスでは各分野にアプローチした、より専門的、細分化した高度な調査が要求されている。また回答においてはインターネット情報しか提供できないことも少なくない。これまで都立図書館はその機能のひとつである調査研究図書館として資料コレクション、独自のレファレンスツール等により、専門スタッフである司書がサービスを行い、高い評価を受けてきた。しかし現在、行政組織のなかで人員、経費の削減を余儀なくされ、また図書館の役割、司書職の意義が問われ非常に厳しい状況下で都立図書館のサービスを維持推進していかなくてはならない危機的状態にある。インターネット環境や電子情報化の動きのなかで、今そのことに柔軟に対応し、サービス内容を変化させ、利用者及び行政各部所に積極的にアピールしていくことが求められている。現在、新しい情報環境に対応した事業として、ホームページの内容充実、横断検索システムの公開、Ｅメールによるレファレンス受付、蔵書検索講習会の開催等を実施してきた。今後利用者へのレファレンスサービスのさらなる向上、情報提供において行うべき課題はどのようなものだろうか。

（1）さまざまな資料・情報の提供。行政、海外情報等においては印刷資料がなくWeb上でしか得られないものがある。もはやインターネット情報を無視することはできない現状にあり、印刷資料とともにWeb資料を提供すると同時にそのためには双方について評価技能、技術をもった司書である必要がある。

（2）インターネット端末の利用者への開放。そのサービス内容を明確にする必要はあるが、公開はもはや不可欠である。また外部用データベースについては、アクセス環境を整える役割が図書館にあると考える。利用者は様々な調査目的があり、その必要度の軽重は各々異なっている。有料であるが故に情報が提供できないという状況は避けるべきではないだろうか。

（3）図書館司書の専門性の向上。利用者の調査依頼がより専門的、細分化している中で、司書としての知識に加え、ある特定の学問領域に精通したより高度な専門性が求められる。必要に応じて各種専門家、類縁機関とも連携し、ワンストップでサービスが提供できる体制づくりができるとよい。その他、利用者の情報活用能力への支援、情報発信サービス等果たすべき役割は多々あろう。

3　一〇年後を見据えて

新しい情報環境の出現と、図書館の役割、司書の仕事内容が問われる中で、従来の方法・組織では新規サービスは行えない。利用者ニーズを的確に把握し、時代に即応し速やかに柔軟に変革する時にある。今後情報提供内容は主題によってその特性が顕著になり提供方法は一律で行うことも難しい。人的体制の再配置、従来業務の見直しをしながら、課題と可能性を模索し、抜本的に改革すべきである。そしてこの状況を図書館及び図書館司書の存在意義を利用者にアピールする好機ととらえたい。今年度開始したビジネス支援事業はそのアピールのひとつである。社会ニーズに即したサービスをしていくことが図書館生き残りの道であることは間違いない。

（しげの　あきこ）　司書歴十年　都立中央図書館サービス部情報サービス課社会科学係

情報共有と知識資産の活用

―知識資産である司書を活用して利用者自身が社会の知識資産となるために―

中村　茂彦

利用者は考える。これを知りたい。それを確認したい。あれを探したい。どんな本を見たらいいのか。―都立図書館は利用者の知識資産である。アクセスすると、必ず回答やヒントが見つかる。司書は何でも知っている。そう思われているが、司書自身が全ての知識を常に持っているわけではない。知らないときは図書館資料や情報を調べる。その調べ方を知っている。―司書は都立図書館の知識資産である。利用者と図書館資料や情報を有機的に結びつける能力を持っている。

レファレンスサービスは司書と利用者のやりとりが基本である。利用者から質問を受けた司書がその担当、図書館の窓口となる。司書は回答に必要なインタビューを利用者に対して行う。例えば、何をどの程度知りたいのか把握する。漠然とした質問をそのまま受けるのではなくより具体的な質問を引き出す。ひとつ回答することによりさらに高度な質問を受ける。利用者にとって、司書は図書館機能の一つである。情報のナビゲータとして積極的に活用できる。

【二〇一〇年のレファレンスサービス】

司書は図書館にある全ての機能を自ら活用し、調査経過の報告と回答を利用者に対して行う。高度な質問は主題室に回送、分担して回答する体制ではなく、図書館に所属する全ての司書が協同する体制がとられている。例えば、司書がグループウェアの掲示板に利用者の質問を投げかけると、他の司書から回答や調査のヒントが返される。これらのやりとりはサービス部門のみでなく他の部門からも返すことができる。図書館資料、蔵書検索や情報検索、レファレンスデータベースを用いて調査するのと同じである。司書にとって、他の司書は図書館機能の一つである。より適切な回答を行うために、それぞれを知識資産として活用し合うのである。サービスを支えるツールにレファレンスデータベースがある。利用者とのやりとり、調査経過と使用した図書館資料、回答を全て記録し、リアルタイムで進捗状況がわかる。例えば、図書館のカウンターで利用者と対面しているとき、音声入力と簡単なクリック操作により記録する。メールによる情報の提供、紹介では調査経過の報告と回答をそのまま記録する。これらは全ての司書が利用者に回答するためのツールとして使用するだけでなく、日常の業務報告や統計、サービスの事例データベースの作成等の情報発信のための素材としても活用される。

司書は利用者の要望に応じて、適切な情報提供手段を用いて回答する。例えば、図書館のカウンターで利用者と対面しているとき、その場で回答できなければ後刻、メールによる情報の提供、紹介や宅配による資料の複製の提供、区市町村立図書館を通じた資料の貸出しといった手段により回答を行う。

【情報の収集と生産】

司書は形態にとらわれない図書館資料の収集を行う。本や雑誌といった一定の形あるものを原形そのままに収集するだけでなく、形さまざまなパンフレットやポスター、地図、視聴覚資料、さらには、形ないもの、インターネット上の情報や他機関がもつ情報も収集する。図書館の知識資産となるように、必要であれば情報を加工する。何の資料かがわかるだけでなく何に使える資料かが利用者、他の司書に伝わるようにする。司書が図書館として自ら情報を生産することで、既存の図書館資料、情報に付加価値をつけるのである。これらは他の司書にとって、利用者からの質問に回答するためのツールとなる。

利用者は考える。都立図書館の知識資産である司書を利用者自身の知識資産として位置づけ、レファレンスサービスを積極的に活用する。利用者自身が社会の知識資産となるように。

（なかむら　しげひこ）　司書歴十四年　都立中央図書館サービス部情報サービス課東京資料係

子どもの読書活動の推進

岩見　美穂

1　子どもの読書を取り巻く状況

今日、テレビ、インターネット等情報メディアの普及により、様々な方法で情報を入手することが可能となっている。これにより、読書を通じて得る情報の量が相対的に減少してきている。従来から指摘されている子どもの「読書離れ」も、この情報入手方法の多様化が関係しているのではないかと思う。

しかし、子どもの読書は、子どもが言葉を学び、感性を磨き、表現力を高め、創造力を豊かなものにし、人生をより深く生きる力を身に付けていく上で欠くことのできないものであり、「読書離れ」の状況は是非とも食い止めなければならない。

このような状況のもとで、子どもの読書活動に関する施策の総合的かつ計画的な推進を図るため、子どもの読書活動の推進に関する法律が平成十三年十二月十二日に公布・施行され、同法によって、国と地方公共団体は、子どもの読書活動の推進に関する計画を策定・公表することが定められた。平成十四年八月、国は、この規定に基づき、「子どもの読書活動の推進に関する基本的な計画」を策定し、おおむね五年間にわたる施策の基本的方向を明らかにしている。

2　「東京都子ども読書活動推進計画」の策定

東京都教育委員会は、子どもの読書活動の推進に関する法律第九条第一項の規定に基づき、「東京都子ども読書活動推進計画」を策定するため、生活文化局、福祉局、健康局、区市町村立図書館、公立及び私立学校関係者等で構成する「東京都子ども読書活動推進計画検討委員会」を設置し検討を重ねてきた。さらに、都立図書館協議会や都民からも広く意見を聴取した上で、平成十五年三月に同計画を策定、公表した。計画は、「子どもの読書環境の整備」、「子どもの読書活動に関する理解の促進」、「地域・社会全体での子どもの読書活動の推進」、「子どもの読書活動を推進するための人材育成」を目標とし、期間は平成十五(二〇〇三)年度から平成十九(二〇〇七)年度の五年間となっている。

3 子どもの読書と都立図書館

「東京都子ども読書活動推進計画」における都立図書館の果たす役割は大きい。

都立図書館の児童資料サービスは、平成十四年度に日比谷から多摩に移管した。都立図書館は、日比谷時代に培った児童図書の選択に関する知識や、子どもの読書指導に関する知識と技能を有する司書の存在と、児童青少年図書約十三万冊、雑誌約七〇〇タイトルという国内有数のコレクションにより、今後、東京都の子ども読書活動の拠点として、「こどもホームページ」の開設やレファレンスの受付等、様々な事業を実施することとなる。また、都立図書館は地域の公立図書館と異なり、広域的立場から子どもの読書活動について、都民に情報を提供し、その意義を広くアピールしなければならない。そのため、児童出版関係者や研究者などとも連携を図り、従前の形にとらわれない新しい取組の実施が求められている。

東京都の計画策定後、子どもの読書活動に関する法律第九条第二項の規定に基づき、区市町村が計画策定に着手する。二〇一〇年には、区市町村の計画に基づき、地域に密着した子どもの読書活動の推進が図られ、都立図書館を中心に民間団体も含めた東京都全域の連携・協力体制が整備されていることだろう。

(いわみ　みほ)　司書歴八年　東京都教育庁生涯学習スポーツ部社会教育課施設係

広報をしよう！アピールしよう！

田代　尚子

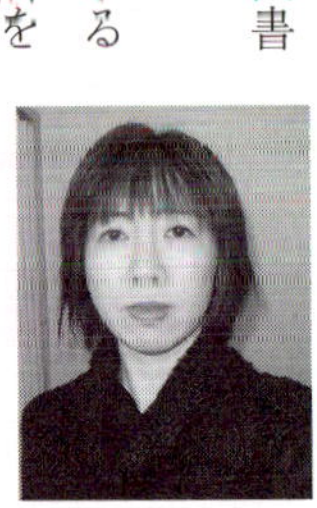

東京都に都立図書館はあるのか…。もちろん、ある。都立中央図書館・都立多摩図書館・都立日比谷図書館の三館だ。しかし、もし都民がこのことを知らなかったら…東京都に図書館が「ない」のと同じことだ。

図書館のことは、もっと皆が知っていると思っていた。しかし、図書館に勤務すればするほど、仕事のことを人に話せば話すほど、図書館が知られていないことを実感する。場所を聞かれる…。区立との違いを聞かれる…。司書の役割を聞かれる…。私たちは、少しおとなしすぎた。図書館がサービスを用意して待っていれば、それを必要な人がやって来て使ってくれる。そう思っていた。でも、そうではない。図書館をどう使えば便利なのか、どういう使い方があるのか、それを知らない人がたくさんいるのだ。

もっと発信しよう！
必要な人に必要なタイミングでアピールしよう！
さまざまな機会をとらえて広報していこう！

広報媒体には広報誌やチラシ、新聞・マスコミ発表、ホームページなどがある。これらを駆使して効果的なPRをする必要がある。ほかにもう一つ、図書館の職員自身が何より大きな広報媒体だと思う。日々のカウンターでのサービス、電話でのやりとり等では一人一人が広報媒体だ。他にも、都庁との予算のやりとり、研修等での他部局との接点、区市町村立図書館や学校へ出向いての講演なども広報のチャンスだ。さまざまな場面が広報の場となり得る。〝広報〟をほんの少し意識して取り組もう。相手に届く広報を繰り返し継続的に行うことが必要だと思う。また、みんなで行う広報には、統一した広報戦略がかかせない。短期的なもの、長期的な視点のものの双方をベースとしていれば、各自・各部所がそれぞれに広報をしつつ組織的な広報が展開できるだろう。

情報が溢れかえり、忙しい日々を送る現代の都民には、ただ漠然と情報を流していてもキャッチしてもらえない。キャッチしてもらうためには、まずこちらが都民のニーズをキャッチし、そのニーズにどれだけ図書館が有効かをピンポイントでアピールできなければならないだろう。社会の動きをとらえて敏感に動き、ターゲットを意識してアピールし、伝えたいことをわかりやすく表現することが図書館には必要だ。

都立図書館では、平成十三年度、図書館から飛び出し、都庁で都立図書館展を開催して、図書館に足を運ばない都民や都庁の職員に図書館のアピールをした。十四年度は、タイムリーなトピックをとらえて、その関連の図書館の資料をホームページ上で紹介する「ニュースレファレンス」という情報発信も始めている。社会の関心をとらえて、図書館から提供できる情報を積極的にPRするのだ。〝ピンポイントのサービス提供と広報〟としては、「博物館の企画展への図書リストの提供」や「都の職員向けに行われている政策立案支援サービス」がある。博物館で行った図書リストの提供は、企画展の内容に興味を持った方に、その関連資料を紹介するとともに都立図書館の存在をPRできることから、これまで図書館利用の経験のない方に、興味を持っている（ニーズがある）内容でアプローチできるというメリットがある。このように、すでに広報の〝芽〟はいろいろな形で出ている。今ならできる。どんなサービスがあるのか、司書の情報提供はどれくらい価値があるのか、町の本屋さんとはどう違うのか、都立図書館の役割は何か、図書館の価値とは…。都民に届くまでアピールしていこう。二〇一〇年を待たずに届くように。

（たしろ　なおこ）司書歴十二年　都立中央図書館管理部企画経営課企画経営係

第四部　二〇一〇年の都立図書館に期待する

都立図書館の成功と失敗

田村　俊作

バブル経済の狂乱のあと、長引く不況の中で、「失敗に学べ」ということばをよく耳にするようになった。過去の成功体験に執着するよりは、むしろ、失敗の中からその原因を探り、失敗を繰り返さないよう対策を立てる方が、明日の成功につながる、という主張である。「成功」「失敗」と表現は激しいが、結局評価のことに過ぎないのだし、二分法的思考はときに過度の単純化に陥る危険もある。反面、事態の本質を端的に示してくれるという効果を持つ。本稿では、この「成功」「失敗」という概念を手がかりに、都立図書館のこれまでの歩みを端的に評価し、今後十年間の歩みが「成功」と評価されるための条件について考えてみたい。

さて、都立図書館をめぐる最近の動きの中で「失敗」と評価されるものは何であろうか。本書にも概要が紹介されている、いわゆる「あり検」の報告書、すなわち、都立図書館あり方検討委員会が二〇〇二年一月に出した報告書「今後の都立図書館のあり方——社会経済の変化に対応した新たな都民サービスの向上を目指して」と、引き続いて起こった多摩図書館蔵書の大量払い下げのことを思い浮かべる人が多いかもしれない。だが、私は少々異なった見方をしている。つまり、「あり検」の報告書は、一定の条件の下で都立図書館が目指すべき方向を示した文書として、失敗作ではないと私は思っている。ここで「一定の条件」と言っているのは、直接的には東京都の行政評価のことを意味している。

東京都の行政評価制度は、二年間の試行期間の後に、二〇〇一年度から本格実施された。都立図書館は最初に評価対象とされた事務事業の一つであり、その総合評価は、「抜本的見直し」であった。これは五段階評価で下から二番目で、一番下は「廃止」であるから、それこそ都立図書館の存亡に関わる厳しい評価が下されたことになる。

「あり検」の報告書は、この行政評価を念頭に置いて読むと理解しやすい。報告書は、都立図書館の目指すべき方向として、高度な情報サービスの展開、区市町村立図書館への協力支援機能の強化、機能の集中化による運営の効率化などをあげているが、これはまさに、行政評価が見直しの方向として指摘していることに他ならない。つまり、報告書は、行政評価とともに襲ってきた存亡の危機に対する、都教委・都立図書館の対応方針を示すものと読むことができるのである。「あり検」報告書を批判する人たちは、行政評価をどのように考え、どう対処すべきだと主張するのであろうか。

こうしてみると、都立図書館の「失敗」は「あり検」報告書にあるのではなく、「抜本的見直し」という非常に厳しい行政評価を受けてしまうに至った図書館経営のあり方に求められるべきだ、とする方が適切であろう。

行政評価の内訳を見てみると、達成度・効率性・公平性に関する知事本部の第二次評価は、いずれも事業所管局である教育庁・都立中央図書館の評価よりも一ポイント低く、二（問題あり）と厳しいものとなっており、わずかに必要性のみが三（変化なし）である。このうち達成度については、私は?・?である。レファレンス件数と書庫内資料利用冊数と個人・協力貸出冊数を単純に足し合わせた指標が何を意味しているのか、不可解というほかはない。効率性・公平性について、第二次評価が指摘しているのは、①区市町村立図書館との役割分担の明確化、すなわち、情報サービスの高度化と区市町村立図書館への協力支援機能の強化、②都立中央への機能の集中による運営の効率化、③PR、関係機関との連携の強化であり、必要性に対する評価と合わせ、そのメッセージは明確である。すなわち、都立図書館の基本的な役割については、従来通りのもの（情報サービスと協力支援）を承認する、ただし、一層の効率的な運用を行い、また、外部との良好な関係の維持・強化を図る必要がある。

さて、都立図書館に対するこの評価から、どんな「失敗」と未来への指針が読みとれるのだろうか。「失敗」を私なりに整理すると、次のようになる。

（1）中央と多摩との地域分担の合理性に対する理解が得られなかった。

（2）これは特に蔵書面で顕著で、図書資料の一元化が強く勧告されている。重複収集は非効率とされたわけである。

（3）さらに、日比谷図書館についても、その意義が疑問視されている。

（4）区市町村立図書館や国立国会図書館との役割分担に関する理解もいまひとつ得られていない。

事態の深刻さはこのリストに良く現れている。いずれも、中央・日比谷・多摩の三館体制による運営の根幹に関わる部分について改善を迫られているのである。しかも、私が知る限り、これらはいずれもずいぶん以前から問題とされ、都立図書館は打開を目指して何年もの間努力を重ねてきたものである。総合評価の厳しさ（抜本的見直し）を考えると、もうほとんど待ったなしの局面にまで事態は進行していると言ってよいのではないか。

では、これはどのような種類の「失敗」なのだろうか。これがなかなか難しい。いずれも都立図書館、あるいは図書館界の内部では、別に「失敗」とは見なされていないものばかりだからだ。内部的な「成功」が外部的には「失敗」と評価されているのである。特に多摩図書館の活動などは、滋賀県と並び都道府県立の協力支援事業の手本ともされるものであったし、多摩地区の市町村立図書館が多摩図書館に寄せる信頼は大きかった。地域分担から機能分担に切り替えても、サービスが低下するばかりで、効率が上がるとはとても思えない、たいていの関係者の反応はそんなところだろう。要するに、変える必然性があるとはとても思えないのである。事態の深刻さのもう一つの面がここにある。多摩地域の協力支援事業の実績、都立図書館と区市町村立図書館・国立国会図書館との役割分担等についての認識のずれがあり、都立図書館関係者は少なくとも知事本部を説得しきれなかったのである。知事本部だけではない。都立図書館協議会での経験から見ても、図書館関係者以外で、都立図書館が区市町村立とどう違うか、また、多摩で都立図書館がどんな活躍をしているか、語れる人が何人いるだろうか。

いずれにせよ、失敗から学ぶことの一つが外部との関係の持ち方であることは間違いがない。幸いなことに、行政評価でも情報サービスと協力支援という都立図書館の基本機能は承認されている。「あり検」の報告書に沿い、二つの機能を軸にサービスの体制を組み直して、より効率的なサービス展開を図る余地はまだ十分にあると言ってよいだろう。

「失敗」の話をさんざん書いてきたので、こんどは「成功」について書いてみよう。

すでに記してきたように、行政評価などで外部的には「失敗」とされることも、図書館界の内部では評価されてきた。三館の分担、多摩地域の協力事業、児童サービスなど、皆そうである。しかし、何にも増して都立図書館が誇るべきは、

その人材の厚みである。長年のレファレンス・サービス、児童サービス、協力事業の中で培われてきた経験の蓄積は、わが国では他に類例を見ない優れたものと評価することができる。資料の蓄積と並び、豊富な人材はこれからさらにサービスを展開してゆく際の中心的なよりどころとなるだろう。人材育成こそが都立図書館最大の「成功」であろう。しかし、この「成功」も、そう長くは続かないかもしれない。職員の高齢化が進み、あと五、六年の後には、職員構成が一変するという。時間に余裕はないのである。

では、「失敗」を「成功」に変えるどんなシナリオがあるのだろうか。繰り返すが、まず基本的な枠組みとして、情報サービスと協力支援事業という二本柱は変える必要がない。行政評価でも「都立図書館は、区市町村立図書館の業務を支援し、都民の生涯学習需要に応える情報基盤として、基礎的で重要な役割を担っている」との評価を受けている。これを変えるべき特別な理由はないといってよい。問題はその展開方策である。

まず、協力事業については、今後は政策的な枠組みが必要とされるのではあるまいか。都下の図書館事業の振興を目標に掲げない、単なる区市町村立図書館のサービス補完では、効率性が厳しく問われる現在の状況では、いずれ事業の意義を問われることになるのは目に見えている。都下の図書館の振興に寄与したことが明確に示されるような、何らかの政策目標を設定した上で、事業展開を図ることが必要となるであろう。

情報サービスについては、従来のような館内でのサービスの枠を超えた積極的な事業展開が求められる。本書の対談中で糸賀氏が示唆しているように、情報サービスを、資料利用上の疑問に答えるサービスと狭くとらえるのではなく、ひとびとの社会生活上の課題解決を支援するサービスとして広くとらえる視点が何よりも必要である。現在展開中の行政支援に加え、学習支援等、明確に方向づけられたサービス展開を図ることも意味があるだろう。都立図書館は、東京都全域の図書館振興を目的として、間接的な振興事業を行いもするが、あくまでも「図書館」として、事業の中心は直接サービスにあるのでなければならない。直接サービスに主眼を置かない図書館というのは、わかりにくい、ある種矛盾した存在であると思う。区市町村立図書館と異なる存在として、都立図書館は情報サービスを機軸の直接サービスとする事業展開を図るべきである。公共図書館のこれからの重要な方向として、情報サービスの充実が課題とされている現在こそ、都立図書館が先導役としてもっと活躍してよいのではないか。さらに、こうしたサービスを評価する指標の開発や運営の透明化にも取り組む必要がある。繰り返すが、行政評価で採用されている指標は、私には不可解である。理解不能な指標は、外部に対する説明責任という点でも問題だろう。同様に、意思決定過程や成果を公開し、運営の透明化を図ることも重要である。「あり検」の検討経過は、あまりにも不透明であった。

豊富な人材を活用し、外部に対して目に見えるようなかたちで協力支援事業と新たな視点からの情報サービスの積極的展開を図ること、都立図書館の将来をそこに見たい。

その他にも、例えば次のようなことは、余りにも突飛な思いつきであろうか。

①登録利用者に対する館外からのデータベースへのアクセスの提供

②登録利用者への書庫の開放（書庫内の膨大な蔵書を見てもらうことは、その重要性に対する何よりのＰＲになる）

③調査員による市政レファレンスの提供（サービスの調査業務への拡充）
④科学技術振興事業団や一般公開されている民間専門図書館の誘致（有料サービスを含め、図書館があらゆるサービスを単独で行う必要はない。書店や専門図書館など、多様なサービスが図書館内に混在していてもよい筈）

行政評価以後、求められるものは多く、しかも時間は迫っている。しかし、都立図書館の豊かな人材をもってすれば、必ず解決の途は開けるはずである。悠長に構えるのは止めにして、冒険心を奮い立たせて新しい領域に挑戦していって欲しい。特に中高年司書の奮起を期待する。

（たむら　しゅんさく）慶應義塾大学文学部図書館・情報学専攻教授
都立図書館協議会委員（第一八期～二一期）

図書館情報学教育に登場する都立図書館

小田　光宏

図書館情報学（あるいは、司書養成教育）では、科目の性格に応じて、図書館の経営ならびに活動の実際を紹介したり、日本ならびに海外の実践事例を「教材」として取り上げて討議の対象としたりすることが少なくない。こうした内容の授業を計画することは、いわゆる「ゼミ」では当然のことであるが、講義形式が想定されている諸科目においても、昨今の学生の「学ぶ力」を考慮しながら、出来る限り「平易に」そして「具体的」に示すことを目指す。司書講習の科目ならば、「図書館サービス論」や「図書館経営論」、「情報サービス概説」や「児童サービス論」といった各論として展開されるものばかりではなく、「図書館学概論」のような「原論科目」においても、多くの担当者が、図書館実務の状況を伝えることに、様々な工夫をしている。

対象とする図書館の実践事例は、「好例」および「悪例」の双方となるが、どのように取捨選択を行なっても、都立図書館が登場しないことは、およそ考えられない。それだけ、都立図書館の実践には、様々な意味で学ぶべきものが多いということである。また、都立図書館は、単に都道府県立図書館の一つなのではなく、首都東京の図書館として、日本全国の図書館を先導するものと認識されており、その影響力は計り知れないということでもある。ここでは、私自身の授業における取り組みの一端を披露し、都立図書館の今後の更なる発展を期待する応援のメッセージとしたい。

私自身は、現在、「図書館情報学概論」「図書館システムサービス論」「情報サービス論」「図書館情報学演習」といった科目を担当している。そこで、こうした科目の過去五年間の「授業用ファイル（講義ノートの電子版）」を眺め、大きくまとめてみると、下記のように都立図書館を紹介している。

（1）レファレンス図書館としての都立中央図書館

（2）特徴的な組織の一例としての都立図書館

（3）第二線図書館としての都立図書館

（1）では、都立中央図書館の活動を十二分に取り上げることになる。図書館の種類を、実施されている活動をもとに整理すると、主に教養・娯楽のための資料を利用者に貸し出すことを専ら行う「貸出図書館」と、専門的な資料や各種の情報源を整備し、利用者の調査活動を支え、相談に応じることを中心にしている「レファレンス図書館」とに分けることができる。都立中央図書館は、まさしく後者に相当する。図書館界では、都道府県立図書館がレファレンス図書館として活動することが期待されており、全国の都道府県立図書館は、同じようにこの「機能」を発揮している。しかし、事例として都立中央図書館をまず取り上げるのには、それなりの訳がある。実は、道府県立図書館において、複数の図書館が置かれているところは少なく、大半は単館である。したがって、一つの館が、貸出図書館としての役割と、レファレンス図書館としての役割とを併せ持っていることになる。そのため、「レファレンス図書館とはこういうものである」という説明をしたい場合に、便利とは言えない。その点、都立中央図書館の機能を取り上げれば、それはそのままレファレンス図書館の説明になる。

もちろん、授業で触れるのは、単独の館がレファレンス図書館として機能しているという表面的な説明にとどまらない。情報サービス（レファレンスサービス）に関する優れた活動実践や特徴的な試みについて、いろいろと紹介する。例えば、情報サービスの場面で、利用者から寄せられる質問に対してどのように回答するかという点においては、都立図書館の「情報サービス規程」を紹介する。この「情報サービス規程」は、よく配慮された内容であり、授業の教材として欠くことができない。また、都立中央図書館では、一階の質問受付デスクを総合的な質問受付の場と位置付け、各階にある専門主題の部門における質問受付との役割分担を行なっている。これは、レファレンスサービスの管理運営機構を考える際の好材料である。さらに、長年にわたって、都立中央図書館では、利用者からの質問とそれに対する回答を記録として蓄積しており、かつてはカード形式で整理して、情報源として有効活用してきた。現在では、その一部をホームページ上に公開し、さらに、データベース化して二次利用する計画が進んでいる。こうした試みは、いろいろな付加価値をもたらすことになるため、学生の問題意識を呼び起こすためにも、最新状況を紹介することを心がけている。このほか、図書館自身が独自に調査用の情報源を構築すること、つまり、「自館作成ツール」の事例を紹介する際にも、都立中央図書館のこれまでの取り組みを登場させている。

（2）は、最終的には「都立図書館に足を運んで、自分の目で確認しよう」という示唆になるかもしれない。図書館の組織について解説する際に最も難しいのは、その組織がなかなか目に見えないことである。その点、都立図書館は、施設と組織との間に対応関係があるため、比較的わかりやすい。上述した貸出図書館とレファレンス図書館の相違であれば、日比谷図書館と都立中央図書館を対比させることができる。図書館の組織を専門主題に応じて構成させることを「主題部門制」とよぶが、都立中央図書館の各階を順番に見ていけば、自ずと理解できることにもなる。さらに、多摩図書館を訪れれば、逐次刊行物と図書といった資料種別に応じた図書館組織の様相が垣間見えることになる。

（3）は、東京都の全域サービスを紹介することにもなる。日本の図書館界では、物理的に地域住民の最も身近にあり、地域住民に対して直接的なサービスを展開するという意味で、市区町村立図書館のことを「第一線図書館」と称してきた。そして、都道府県立図書館には、そうした第一線図書館をバックアップし、間接的に地域住民にサービスを行う役割があると位置付け、これを「第二線図書館」と呼び表している。こうした第二線図書館の活動について説明しようとする場合、都立図書館の取り組みは、やはり材料として貴重である。あるいは、図書館未設置の市町村が多かった時期に、そうした地域で、都立図書館が「肩代わり」して直接的なサービスを行なってきた歴史を取り上げる際にも、数多くの事例を得ることができる。

例えば、単純に都立図書館の体制の変遷を眺めるだけでも、様々な疑問や関心を呼び起こすきっかけができる。戦前の東京府や東京市における歴史にまで遡らなくても、都立図書館の移り変わりは、なかなか激しいものがある。現在都立図書館は、中央図書館、多摩図書館、日比谷図書館の三館から成り立っている。しかし、一九八〇年代までは、二三区内には江東図書館があり、三多摩地域には、立川図書館、八王子図書館、青梅図書館の三館があり、七館から構成されていた時期もあったのである。これだけ見ると、都立図書館の歴史は縮小の歴史のようでもあるが、実際は、市区町村立図書館が飛躍的に発展する中で、それとの相対的な関係のもとで、第二線図書館への変貌を着実に遂げてきた歴史なのである。

本書の標題の「都立図書館は進化する有機体である」は、言わずもがなであるが、ランガナタンの「図書館学の五法則」における第五法則「図書館は成長する有機体である」をもじったものである。二〇一〇年に、私が図書館情報学教育をまだ担当していれば、おそらく、その時々の都立図書館の実践事例を扱っていることであろう。ただし、その際に「進化には、退化をも含む」などという前置きだけはしたくない。ランガナタンが主張した本来の意味で、成長する有機体の好例として、都立図書館を取り上げたいと切に願う。

私自身は、東京都八王子市に生まれ育ち、小・中学生のころには、当時、金剛院という寺の境内にあった木造の都立八王子図書館を利用した経験を持つ。その後、八王子駅近くの都立保健所の跡地に移転した同図書館では、図書館員にいろいろな質問をした。また、一九七〇年代に都立立川高校に通い、「社教会館」と呼んだ建物に隣接する都立立川図書館を足繁く訪れた。いずれにしても、ずいぶんと図書館員を困らせたのではないかと反省しきりである。しかし、私がその後、情報サービス（レファレンスサービス）を図書館情報学の中の専攻領域に選んだのは、あのころの都立図書館と図書館員との出会いによるところが大きいことだけは間違いがない。そうした都立図書館と図書館員に感謝の気持ちを持ち続け、優秀な人材の育成にいっそう専念したいと考える。

（おだ　みつひろ）青山学院大学文学部教育学科助教授
都立図書館協議会委員（第二一期）

都立図書館の若手職員に期待する

船﨑　尚

半世紀前のスタッフ・マニュアル

ここに一冊の本がある。一九六一年発行、『イノック・プラット図書館一般参考部スタッフ・マニュアル』。編集兼発行者は都立日比谷図書館である。数年前、この翻訳書を自館の地下書庫で見つけ、拾い読みしているうち、二つのことに非常な感銘を受けた。一つは、原書は半世紀前に書かれているものの、その内容には、今読んでも新鮮な事柄が書かれていたこと、もう一つは、この書が、四〇年前に、都立日比谷図書館のライブラリアンを中心に計四五名の図書館員（一名を除きすべて東京の図書館員）によって翻訳され、刊行されたという事実である。

まず、内容についてだが、どうしても引用したい個所がある。それは、レファレンス・カウンターで利用者に接する態度について書かれた部分である。

「係員は利用者に対して自分がイノック・プラット図書館を代表していることを忘れてはならない。また礼儀正しく喜んで援助の手をのばし、責任を感じ、品位ある態度をとる必要がある。図書館のサービスと資料について話すときには、「私は」とか「私の」という代わりに論説などに使われる『私たち』を使うべきである。図書館という機関を代表して話し、そして職員の一人として利用者に奉仕しているからである。」

この中で、新鮮に感じたのは、「品位ある態度」という言葉だった。日頃、図書館運営のなかでも、礼儀正しく、とか、喜んで援助の手を差し伸べ、といったことは、常に頭にあって、そう努めてきたつもりだが、「品位ある態度」には思いおよばなかったからである。しかし、これは、非常に大切なことである。そこで、思い出したことがある。私は、一九七〇年代初めから八〇年代後半にかけて、都立中央図書館の熱心な利用者だった。仕事の必要で頻繁に利用していたのだが、その頃、カウンターで対応する職員の中に「品位ある態度」の職員が目立っていたように記憶している。都立図書館は、日本の公共図書館をリードする名誉と責任を担う特別の図書館であってほしいというのが、市立図書館に勤務する私の願いである。そこでまず、都立図書館の若手職員に期待するのは、突飛なことと思われるかもしれないが、品位ある態度を身につけた図書館員であってほしいということである。

次に、このスタッフ・マニュアルの翻訳・刊行の事業についてである。当時の都立日比谷図書館長菊池昌直氏は、序文の中で、このマニュアルの底流をなしている公共図書館の理念、そこに働く職員の基本的な姿勢は、日本の公共図書館にとって大きな示唆となるものを持っている、と述べているが、翻訳に至る経緯は、同書の後記によると、次のようなものであった。

東京都内の公共図書館で、参考事務の担当者の組織である参考事務連絡会の常連は、参考事務のよい手引書がないのをつねづね残念に思っていた。一九六〇年十月に国立国会図書館で開かれた関東地区研究集会以来、連絡会内では、その集会で提案された「参考事務規定案」をめぐる論議の末、いわゆる「規定」より先に、係員のための「実務案内」のようなものが必要だという意見が大勢を占めるに至り、本書を各会員の分担で翻訳することを決めたという。このとき、しりごみしがちの会員一同を激励したのは、同連絡会会長（江東区立深川図書館長・細谷重義氏）と、「誤訳の添削を引き受けよう」と約束した都立日比谷図書館参考係長・北村泰子、国立国会図書館逐次刊行物課長・小田泰正両氏だった。かくて、同会総員の苦心の末、スタッフ・マニュアルの翻訳と刊行が行なわれたのである。

翻訳という作業は、外国語の力を要することは言うまでもないが、むしろ、日本語の力や一般的教養が問われる仕事である。日常業務の繁忙に追われるなかで、図書館員たちが、この事業を成し遂げたことは、驚嘆に値しよう。この事業をリードした都立図書館員の教養。この伝統を、都立図書館の若い職員はぜひとも引き継いでいただきたいと思う。

お茶の水女子大学図書館長、というより、数学者でエッセイストとして知られる藤原正彦氏は、ある講演の中で、「政治、官僚、教育……日本はすべてが駄目になってきている。改革能力もないし、名案もない。そうなった最大の原因は、日本から真のエリートが消えてしまったためだ。皆、庶民となってしまった。」と、戦後のポピュリズム（大衆迎合主義）を批判している。氏によれば、エリートとは、文学、歴史、思想等すべてに優れ、総合判断力があり、いざとなったら自分を犠牲にする覚悟がある人を言う。

近年、エリートという言葉自体が嫌われているようである。「鼻もちならぬエリート意識」は願い下げだが、真のエリートは必要である。私は、都立図書館の若い職員が、日本の公共図書館界で、いい意味でのエリートとなることを期待してやまない。

「困ったときの公共図書館」

今から十五年前、私は千葉県浦安市の中央図書館で、二か月にわたり研修を受けたことがある。そのとき、私は、その後の私の公共図書館像を決定づけるような体験を持った。

それは、私がレファレンス・デスクにすわっていた時だった。長靴をはいた、どこか漁師か魚屋さんを思わせる風情の青年が参考図書のコーナーでなにか資料を探していた。しかし、どうも見つからない様子だったので、近づいていって、なにかお探しですかと声をかけた。すると、その青年は、いろいろな種類のイカのでている図鑑が見たいのだと答えた。そこで私は、軟体動物図鑑といった種類の本をその青年に手渡した。青年は、しばらくその図鑑の頁をめくっていたが、やはり、求めているものがなかったらしく、本を書棚に戻そうとしていた。そこで私は、もう一度、青年のところへ行って、やはりありませんかと聞くと、青年は、こう語り出した。

「実は今朝、東京湾で、見たこともない、奇妙な形のイカを釣った。晩のおかずにしようと思うが、果して食べられるのかどうかが知りたいのだ」と。

私は、参考図書をあきらめ、一般書のコーナーで、イカに関する本を一、二冊見つけると青年のところへ持って行った。青年はまた、頁をめくりだしたが、今度はしばらくすると、「あった！」と、うれしそうに小さく叫んだ。私の方も何だかうれしくなって、そばに近寄ると、青年は、あるイカの写真を指さし「これです、今朝東京湾で釣ったイカは。これに間違いありません！」と声をはずませた。その時の写真の説明文を、私は今も忘れない。

「形が悪いので高級料理には適さないが、味はすこぶる美味。」

長靴の青年は、これで今夜のおかずができたと、なんともいい笑顔を見せて帰って行った。

この時、私は、現代の公共図書館がどういうところかということを直感的に感じ取った。それは、糸賀雅児・慶応大学教授の表現を借りて言えば、図書館は「課題解決型施設」であるということである。

荻野アンナの言葉に「困ったときの広辞苑」というのがあるが、これにならえば、「困ったときの公共図書館」である。

アメリカでは、公共図書館のこうした性格は、随分早くから形成されていたらしい。図書館情報大学の老教授から聞いた話だが、昔、と言っても四、五〇年前のアメリカ映画の冒頭に次のような場面があったという。窃盗団が、一稼ぎしようとある町にやってくる。その町に着いて、彼らが最初にしたことは、なんと、その町の図書館に調べものをしに行くことだった！　彼らは、館内に展示されてあった町の模型で逃走経路を調べ、郷土資料で、その町の住民が戸締りをする風習があるかないかなどを調べてから「仕事」にはいったという。

周知のように、アメリカ図書館協会（ＡＬＡ）は、一九九五年十二月、その機関誌『アメリカン・ライブラリーズ』に、「アメリカ社会に役立つ図書館の十二箇条」を発表した。（竹内　悊編訳・日本図書館協会・一九九七）その第七箇条は「図書館は大きな見返りを提供します」というもので、アメリカの巨大企業の社長たちが、将来ビジネス界の巨人になろうという野心だけで、具体的な方策を持たない若者だったころ、仕事を始めるための重要な情報を提供し、その結果彼らを百万長者にしたのが図書館だったのですと、図書館をアピールしている。翻訳版にはないが、機関紙のこの条には、うず高く積まれたコインの写真が添えられており、いかにもアメリカらしい。まさに図書館によるビジネス支援である。

東京都が丸の内のビジネス街にビジネス支援図書館を開設し、中央図書館が専門プロジェクトチームをつくり、それをバックアップしていることは、時代のニーズに応えた取組みとして高く評価したい。

最後に、都立図書館の若手職員に望むことは、社会のニーズに応えた情報サービスを展開するためにも時代感覚を鋭くしてほしいことである。インドの高名な図書館学者が言ったように「図書館は成長する有機体」なのだから。

（ふなざき　たかし）武蔵野市立図書館長

終わりに

インドの図書館学者ランガナタンは、一九三一年に発表した図書館の神髄五原則の中で「図書館は成長する有機体である。（A library is a growing organization）」という言葉を残している。図書館は、成長し、進化し続けるというこの熱いメッセージは現代のわれわれにも生き生きと響き、いつの時代にも不変である。図書館サービスは確かに先人達の労苦の上に成り立つ。しかし、それは継承すればいいことだけを意味しない。時代ニーズに合わせて改善し、発展させてきたからこそ現代まで生き延びることができているのである。成長を阻む壁が厚いからといってわれわれの世代で都立図書館の進化を止めることはできない、そんな思いが伝われば幸いである。

最後に、われわれを最後まで励ましつづけてくれた都立中央図書館管理部長中村憲司氏、ひつじ書房社長松本功氏に感謝する。

初出紹介

第一部第一章　都政新報　平成十四年三月二六日
第二部第一章　都政新報　平成十三年九月二五日
第二部第二章　都政新報　平成十三年一〇月二三日
第二部第三章　都政新報　平成十三年一一月二〇日
第二部第四章　都政新報　平成十四年五月一四日
第二部第五章　都政新報　平成十四年一月二九日

［ライブラリーマネジメント研究会］
高島勝夫（たかしま・かつお）東京都立中央図書館管理部企画経営課長
二階健次（にかい・けんじ）東京都立中央図書館管理部企画経営課企画経営係長
樋渡えみ子（ひわたり・えみこ）東京都立中央図書館管理部企画経営課図書館情報システム係長
奥村和廣（おくむら・かずひろ）東京都立中央図書館サービス部情報サービス課政策支援担当係長
白石英理子（しらいし・えりこ）東京都立中央図書館サービス部資料管理課整理係次席
田代尚子（たしろ・なおこ）東京都立中央図書館管理部企画経営課企画経営係主任

都立図書館は進化する有機体である

二〇一〇年の都立図書館像を描く

発行　二〇〇三年三月三一日　初版一刷　定価　一〇〇〇円＋税

編著――――ライブラリーマネジメント研究会
発行者―――松本　功
発行所―――有限会社ひつじ書房
112-0002　東京都文京区小石川5-25-8　エスポワール8　1F
電話番号03・5684・6871　ファックス番号03・5684・6872　郵便振替00120-8-142852

印刷所・製本所――三美印刷株式会社
表紙デザイン――中山銀士＋佐藤睦美

toiawase@hituzi.co.jp
http://www.hituzi.co.jp/

ISBN　4-89476-194-7　C-0000　Printed in Japan